Bernhard Irlinger

Stadtperlen IN BAYERN

CHARMANTE KLEINSTÄDTE
ABSEITS DES TRUBELS

J. BERG

Inhalt

RHÖN
FRANKENWALD
FRANKEN
SPESSART
STEIGERWALD
FRÄNKISCHE ALB
OBERPFÄLZER WALD
BAYERISCHER WALD
RIES
GÄUBODEN
HALLERTAU
SCHWABEN
NIEDERBAYERN
OBERBAYERN
Bad Kissingen
Coburg
Hof
Aschaffenburg
Schweinfurt
Haßfurt
Kulmbach
Karlstadt
Marktredwitz
Bamberg
Bayreuth
Tirschenreuth
Würzburg
Forchheim
Weiden
Erlangen
Nürnberg
Amberg
Rothenburg ob der Tauber
Neumarkt
Schwandorf
Ansbach
Cham
Weißenburg
Regensburg
Nördlingen
Eichstätt
Deggendorf
Ingolstadt
Donauwörth
Landshut
Passau
Ulm
Günzburg
Augsburg
Königsbrunn
Fürstenfeldbruck
Erding
Braunau
Landsberg am Lech
MÜNCHEN
Burghausen
Memmingen
Kaufbeuren
Rosenheim
Kempten
Bad Tölz
Lindau
Garmisch-Partenkirchen
Oberstdorf
MAIN
DONAU
LECH
PAAR
AMPER
ISAR
VILS
ROTT
INN
GÜNZ
AMMERSEE
STARNBERGER SEE
CHIEMSEE
BODENSEE
N
0
20 KM

Aufwendiges Fachwerk
in Lauf an der Pegnitz

BISTRO BAR
BISTRO BAR

Bayerische Altstadtperlen

Ebenso vielfältig wie die Landschaften sind auch die Städte in Bayern. Je nach klimatischen Bedingungen oder zur Verfügung stehendem Baumaterial entstanden in den vergangenen Jahrhunderten ganz unterschiedliche Stadtgebilde. Diese Vielfalt erfuhr zusätzliche Variationen durch die Herrschaftsgeschichte und das Schicksal der einzelnen Regionen und Städte. So reicht die Palette der bayerischen Stadtschönheiten von der Innstadt Wasserburg mit ihren vielfarbigen Hausfassaden im Inn-Salzach-Stil bis zur Mainstadt Miltenberg, die durch ihre romantische Fachwerkarchitektur besticht.

Die Wurzeln so mancher Stadt reichen bis in keltische oder römische Zeit zurück, andere wurden erst im Mittelalter gegründet. Einige Städte wuchsen organisch um einen alten Dorfkern, andere wurden von den jeweiligen Herrschern planvoll angelegt. Flussfurten, Brücken und Kreuzungspunkte wichtiger Handelswege brachten Wohlstand und ließen die Orte wachsen. Andere Städte entstanden im Schatten alter Burgen oder rund um die Residenzen einflussreicher Adelsfamilien. Diese Herrscherfamilien waren es auch, die im Mittelalter die Gründung neuer Städte förderten, um am wirtschaftlichen Aufschwung des immer einflussreicheren Bürgerturms zu partizipieren. Je mächtiger die jeweiligen Herrscherhäuser waren, desto stärker war ihr Einfluss. In Altbayern – also in Oberbayern, Niederbayern und der Oberpfalz – wurden nahezu alle Städte von den Wittelsbachern beherrscht. Ein ganz anderes Bild zeigt sich in Schwaben und in Franken. In den in viele kleine Herrschaftsbereiche zersplitterten Gebieten konnten viele Städte ihre Unabhängigkeit erringen. So findet man 13 der 14 ehemaligen bayerischen freien Reichsstädte, die nur dem Kaiser Untertan waren, in Schwaben und Franken. In Altbayern konnte sich nur das altehrwürdige Regensburg diesen Status bewahren. Erst in napoleonischer Zeit fand der Flickenteppich unabhängiger Städte und Herrschaftsgebiete ein Ende und Bayern wurde zu dem Staatsgebilde, das wir bis heute kennen. Die Unterschiede der geschichtlichen Entwicklung sind aber bis jetzt an und in den Städten deutlich ablesbar.

So unterschiedlich Lage und Geschichte der Städte sind, so unterschiedlich ist auch ihr Schicksal. In manchen Städten wird seit Jahrhunderten an einer Erfolgsgeschichte geschrieben und je nach Mode und wirtschaftlichen Zwängen ändern sie ständig ihr Aussehen. Andere erfuhren im Laufe ihrer Geschichte deutliche Zäsuren. Handelswege veränderten sich oder durch Krieg und Zerstörung wurde ein wirtschaftlicher Niedergang eingeläutet. So versank so manche einstmals stolze Stadt über lange Zeit in eine Art Dornröschenschlaf. Erst im 19. Jahrhundert wurde ihr Wert von den Künstlern der Romantik erkannt. Seither rückte der Erhalt dieser historischen Kleinode gegen so manche Widerstände immer mehr in den Fokus der Bewohner und heute sind die Bürger stolz auf ihre so lebens- und liebenswerten Altstädte.

← Am Stadtbach in Memmingen findet man kühle Rastplätze.

Aber was genau macht den Reiz dieser Städte eigentlich aus, der eine von Jahr zu Jahr wachsende Zahl von Besuchern in ihren Bann zieht? Da stehen bunt zusammengewürfelte, in verschiedenen Epochen entstandene Gebäude nebeneinander und harmonieren trotzdem. Da gibt es enge und krumme Gassen und versteckte Plätze mit unterschiedlichsten Grundrissen, die zu überraschenden Erkundungstouren einladen. Andererseits begeistern uns auch nach strengen Regeln angelegte Altstädte mit geraden Straßen und herrlich weiten Plätzen. Wahrscheinlich faszinieren uns einfach einige grundlegende Dinge, die uns unsere historischen Städte bieten. Hier spiegelt sich in jedem einzelnen der individuell angefertigten Bauwerke das Geschick und Können der Baumeister und Handwerker. Das menschliche Maß, das sich in den Dimensionen der Gebäude, Straßen und Plätze findet, erzeugt ein Gefühl der Geborgenheit. Und unsere historischen Städte lassen uns wie in einem offenen Buch die Geschichte unseres Landes nachlesen und erleben.

In diesem Band wurden keine Großstädte wie Nürnberg oder Augsburg berücksichtigt und auch keine von Overtourism bedrohten Städte wie das zum UNESCO-Weltkulturerbe zählende Regensburg oder das weltweit berühmte Rothenburg ob der Tauber. Neben kleinen und weniger bekannten Städten wie Königsberg in Bayern sind auch größere wie Coburg enthalten. Sie alle einen aber zwei Kriterien – zum einen begeistern sie mit einem über Jahrhunderte gewachsenen, weitgehend intakten Stadtbild, und zum anderen bieten sie dank verkehrsbefreiter Zonen eine Aufenthaltsqualität, die zum Schlendern einlädt. Meine Auswahl beruht natürlich auch auf persönlichen Eindrücken und Vorlieben. Ich hoffe aber, Ihren Geschmack getroffen zu haben und wünsche Ihnen viel Zeit und Muße auf den Entdeckungstouren durch unsere historischen Städte.

↑ Ein Hauch von Mittelalter in Amberg
→ In der prunkvollen Basilika von Gößweinstein

Franken

Die malerische Fachwerkzeile in Ochsenfurt

1 Miltenberg und Amorbach

Fachwerk und Barock am Main

Auf einem schmalen Landstreifen am Ufer des Mains entwickelte sich im Schutz der Mildenburg im Mittelalter die Stadt Miltenberg, die heute zu den schönsten Fachwerkstädten in Franken zählt. Etwas südlich liegt im Tal der Mud das Barockstädtchen Amorbach, das sich rund um eine frühchristliche Abtei entwickelte.

Die Geschichte von Miltenberg reicht bis in römische Zeit zurück, als hier der Grenzwall des Limes vom Main abzweigte und im heutigen Stadtgebiet zwei römische Kastelle zur Grenzsicherung erbaut wurden. Auf den Resten des westlichen, am Ufer der Mud gelegenen Kastells entstand im frühen Mittelalter eine erste befestigte Siedlung. Der Mainzer Erzbischof ließ diese im 13. Jahrhundert zerstören und siedelte die Bewohner in das nahe gelegene, von ihm gegründete Miltenberg um.

Mainz gegen Würzburg

Der Ort lag am Fuß der eben von ihm erbauten Mildenburg. Er sollte ein Gegengewicht zum benachbarten Freudenberg bilden, das in den Händen der Würzburger Erzbischöfe war. Schnell entwickelte sich Miltenberg, das mit Handelsprivilegien ausgestattet wurde, zu einer florierenden Kommune. Durch das Stapelrecht waren Händler, die auf dem Main unterwegs waren, gezwungen, ihre Waren in der Stadt anzubieten. Die Bedeutung der Stadt lässt sich daran ablesen, dass im 14. und 15. Jahrhundert die Mainzer Kurfürsten in der Stadt Münzen prägen ließen.

Nach mehreren Stadterweiterungen, die sich auch heute noch im Stadtbild ablesen lassen, war im 14. Jahrhundert schon die heutige Ausdehnung der Altstadt zwischen dem Würzburger Tor im Osten und dem Mainzer Tor im Westen erreicht. Hauptachse der Altstadt ist die Hauptstraße, die sich vom Würzburger Tor zum Marktplatz zieht. Sie bildet das Rückgrat der lang gezogenen Altstadt und nur wenige schmale Gassen zweigen von ihr ab. Der älteste Teil der Altstadt ist das sogenannte Schwarzviertel, das westlich des Markplatzes direkt unterhalb der Burg liegt. Hier ist neben anderen mittelalterlichen Gebäuden die um 1300 erbaute Synagoge erhalten, die allerdings nicht besichtigt werden kann, und auch das mittelalterliche jüdische Badehaus in der Löwengasse hat den Lauf der Zeiten überstanden.

Filmreife Altstadtromantik

Der malerische Marktplatz ist das Aushängeschild der Stadt Miltenberg und diente schon mehrmals als Filmkulisse. Unter anderem wurden hier Szenen für das »Wirtshaus im Spessart« gedreht. Vom Renaissancebrunnen steigt der dreieckige Platz zum soge-

Der historische Gasthof Riesen begeistert mit feinstem Fachwerk (Bild oben und linke Seite).

nannten Schnatterloch an. Ganz eng läuft man hier zum Torturm der alten Stadtbefestigung hoch, durch den der Weg zur Burg hinaufführt. Rechts und links wird der Platz von Fachwerkhäusern begrenzt, wie man sie sich kaum malerischer vorstellen kann. Man sieht den aufwendigen Hauskonstruktionen immer noch an, dass hier die Erbauer mit den Häusern auch imponieren und repräsentieren wollten.

In drei historischen Fachwerkhäusern an der Ostseite des Marktplatzes zeigt das Museum Stadt Miltenberg umfangreiche Sammlungen zur Geschichte der Stadt und der Region. Sozusagen den krönenden Abschluss des Marktplatz-Ensembles bildet die Mildenburg mit mittelalterlichem Bergfried und gotischem Staffelgiebel. Nach mehrfachen Zerstörungen wurde sie immer wieder aufgebaut und beherbergt heute eine interessante Ikonensammlung und eine Sammlung moderner Kunst. Zur Mainseite hin wird der Marktplatz von der doppeltürmigen Jakobus-Kirche abgeschlossen, in der man einige sehenswerte Kunstwerke bestaunen kann.

Übernachten wie die Kaiser

Vom Marktplatz schlendern wir auf der Hauptstraße zwischen zahlreichen Geschäften, Cafés und Gasthäusern durch die Altstadt mainaufwärts. Rechts und links wird unser Weg von zahlreichen Fachwerkhäusern eingerahmt. Wer sich Zeit nimmt, der kann an den Fachwerkkonstruktionen immer wieder Details wie geschnitzte Köpfe, Blumen oder Handwerkszeichen entdecken. Schnell ist das Alte Rathaus erreicht. Das monumentale gotische Steingebäude hebt sich deutlich von seiner Fachwerk-Nachbarschaft ab. Hier mussten die durchreisenden Händler ihre Waren anbieten und im Ratssaal wurde über die Geschicke der Stadt bestimmt oder es wurden städtische Feste gefeiert. Vorbei am ehemaligen Gasthof Goldener Ochse, der zu den ältesten Fachwerkhäusern Miltenbergs gehört, schlendert man zum herrlichen Gasthof zum Riesen. Das beeindruckende, Ende des 16. Jahrhunderts erbaute Renaissancefachwerkgebäude beherbergte im Laufe der Zeit zahlreiche Fürsten, Könige und Kaiser. Der Gasthof zum Riesen zählt zu den ältesten durchgehend bewirtschafteten Gasthäusern Deutschlands und gottlob muss man heute kein Kaiser mehr sein, um in einem der altertümlichen Zimmer zu übernachten.

Abstecher nach Amorbach

Zwischen den Höhen des Odenwaldes liegt im Tal der Mud das kleine Städtchen Amorbach. Seine Geschichte begann mit der Gründung der Abtei Amorbach im 8. Jahrhundert. Rund um das Kloster entstand ein Dorf, das im 13. Jahrhundert die Stadtrechte erhielt und mit einer Stadtmauer befestigt wurde. Gefördert durch den Mainzer Erzbischof erlebte Amorbach im Mittelalter eine erste Blütezeit. In dieser Phase entstand unter anderem das sogenannte Templerhaus, ein mittelalterlicher Adelssitz, das als ältestes erhaltenes Fachwerkhaus Bayerns gilt.

Mit dem Bauernkrieg im Jahr 1525 und 100 Jahre später mit dem Dreißigjährigen Krieg endete diese Phase. Eine zweite Glanzzeit erlebten der Ort und das Kloster Amorbach im 18. Jahrhundert unter Mainzer Leitung, als zahlreiche eindrucksvolle Bauwerke entstanden. Die barocke Pfarrkirche St. Gangolf, die den Marktplatz überragt, ist vor allem für ihre große Barockorgel bekannt. Das bei Weitem eindrucksvollste Bauwerk in Amorbach ist jedoch das Kloster mit der Abteikirche. Das Gotteshaus entstand Mitte des 18. Jahrhunderts im Stil von Barock und Rokoko auf einem älteren Vorgängerbau, dessen romanische Türme erhalten blieben. Die Fresken wurden von Matthäus Günter gemalt und die herrliche Barockorgel wurde Ende des 18. Jahrhunderts von der berühmten Orgelbauerfamilie Stumm vollendet. Ebenfalls Ende des 18. Jahrhunderts entstanden die Klostergebäude mit dem im Stil des Frühklassizismus ausgeführten Grünen Saal und der Bibliothek.

Lage/Einwohnerzahl Miltenberg liegt im Nordwesten Bayerns am Ufer des Mains und hat 9300 Einwohner.

Highlights In Miltenberg die Fachwerkhäuser der Altstadt mit dem historischen Gasthof zum Riesen und vor allem mit dem wundervollen Marktplatz; in Amorbach die imposante Abteikirche

Tipp Eine Übernachtung im Hotel Schmuckkästchen am romantischen Marktplatz

Informationen miltenberg.de; miltenberg.info; amorbach.de

↑ Das Alte Rathaus ist ein imposanter Steinbau.
← Über die Stadtkirche geht der Blick zur Mildenburg.

↑ Reich verziertes Fachwerk an der Hauptstraße

2 Lohr am Main

In der Heimat von Schneewittchen

Am Fuß des Spessarts liegt am rechten Ufer des Mains das Städtchen Lohr, das sich gerne als Tor zum Spessart bezeichnet. Im Gegensatz zu den meisten anderen Mainstädten zieht sich die Altstadt von Lohr nicht am Flussufer entlang, sondern nimmt eine erhöhte Position auf einem von zwei Mainzuflüssen begrenzten Hügelsporn ein. Die Ursprünge der Stadt reichen wohl bis ins frühe Mittelalter zurück, urkundliche Erwähnung fand Lohr aber erstmals im 13. Jahrhundert und die Stadtrechte wurden im Jahr 1333 verliehen. Die Grafen von Rieneck sorgten im Mittelalter für den Ausbau der Stadt, die nach dem Aussterben des Grafengeschlechts im Jahre 1559 an das Erzbistum Mainz ging.

Die Keimzelle der Stadt

Sieht man sich den Grundriss von Lohr an, so kann man deutlich drei verschiedene Stadtbezirke unterscheiden. Im westlichen, zum Main hin gelegenen Bereich des Hügelsporns liegt rund um die Pfarrkirche St. Michael die Keimzelle der Stadt. Der ganze Bereich des Kirchenbezirks war schon früh als kleine Stadtburg befestigt und hier lag ein mittelalterlicher Wohnturm der Grafen von Rieneck. Vom 13. bis ins 15. Jahrhundert wurde auf älteren Vorgängerbauten die Kirche St. Michael mit ihrem 61 Meter hohen Turm errichtet. Der älteste Teil des Gotteshauses ist die romanische Sakristei aus dem 12. Jahrhundert.

Stadtbefestigung und Bürgerstadt

Westlich vom Kirchenbezirk liegt die planvoll angelegte mittelalterliche Bürgerstadt. Zur Zeit der Stadtgründung wurden Kirchenbezirk und Bürgerstadt mit einer gemeinsamen Stadtmauer zusammengefasst. Das auffälligste Überbleibsel der einstigen Stadtbefestigung ist der 40 Meter hohe Bayersturm, der scheinbar mitten in der Stadt aufragt. Der mittelalterliche Turm mit der barocken Turmhaube wurde nach der Familie Bayer benannt, die 200 Jahre lang den Türmer stellte. Er lebte mit seiner Familie in den beiden oberen Stockwerken des Turms und musste Tag und Nacht über die Stadt wachen und bei Gefahr Alarm schlagen. Der Turm ist heute für die Allgemeinheit zugänglich und bietet einen wunderbaren Blick über die Stadt und das Maintal.

Das Rückgrat der Bürgerstadt ist die Hauptstraße, die vom Kirchenviertel über den Hügelsporn nach Westen zieht und sich im Zentrum zum Marktplatz weitet. Die Hauptstraße und die schmalen Nebengassen, die links und rechts abzweigen, bilden heute die Fußgängerzone von Lohr. Hier lässt sich bestens die Zeit mit Einkauf und Einkehren verbringen. Aber man sollte dabei nicht vergessen, die wundervollen fränkischen Fachwerkhäuser zu bestaunen, die die Straße säumen. Zahlreiche historische Zunftzeichen und Wirtshausschilder gilt es ebenso zu entdecken wie uralte Hausportale aus Sandstein, mit aufwendigen Schnitzereien verzierte Fachwerkpfosten und bunte Hausmadonnen. Den Beginn der Hauptstraße flankieren das in einem wundervollen Renaissancefachwerkhaus untergebrachte Hotel Krone und schräg gegenüber ein spätgotisches Doppelhaus, die ältesten Fachwerkhäuser der Stadt. Schnell ist dann der Untere Marktplatz erreicht, die malerische gute Stube von Lohr. Die Häuserzeile ge-

↑ Der Bayersturm überragt die Altstadt.
← Im malerischen Fischerviertel

↑ Eines der aufwendig gestalteten Sandsteinportale

genüber dem Rathaus mit ihren prunkvollen Fachwerkfassaden trägt verdientermaßen den Beinamen Malerwinkel. An der Nordseite wird der Platz von zwei traditionsreichen Gasthäusern eingerahmt. Begleitet vom Plätschern des Märchenbrunnens kann man sich hier mit heimischen Spezialitäten verwöhnen lassen und den Blick auf das Alte Rathaus von Lohr genießen. Das Renaissancegebäude wurde um das Jahr 1600 erbaut. Ursprünglich besaß das Rathaus im Erdgeschoss eine offene Markthalle, durch deren weite Eingangsbögen sogar Reiter, ohne abzusteigen, ins Innere gelangen konnten. Heute ist die einstmals für den Handel und damit für den Wohlstand der Stadt so wichtige Markthalle zu einem Veranstaltungsraum umgebaut worden.

Von Märchen und Hexen

Biegt man hinter dem Rathaus über den Oberen Marktplatz rechts in die Kellereigasse, ist der nahe Schlossplatz schnell erreicht. Hier findet man das Lohrer Schloss, das ab dem 14. Jahrhundert von den Grafen Rieneck als Ersatz für den engen Wohnturm im Kirchenbezirk erbaut wurde. Die heutige markante Gestalt mit den Türmen erhielt es erst nach dem Aussterben des Hauses Rieneck im Jahre 1559, als es von Mainzer Kurbischöfen übernommen wurde und zum Amtshaus ausgebaut wurde. Von hier aus wurde in der Stadt, die sich 1544 der Reformation angeschlossen hatte, die Gegenreformation eingeleitet. Der Widerstand gegen die Rückkehr zum alten Glauben wurde von den Mainzern auf denkbar grausame Art gebrochen. Hunderte von Lohrer Bürgern mussten damals im Zeichen des Hexenwahns ihr Leben lassen. Märchenhaft ist jedoch das, was heute das Schloss für viele Besucher so interessant macht: Hier soll 1725 Schneewittchen – oder zumindest das Vorbild für das Märchen – geboren worden sein. Die Stiefmutter soll die liebreizende Tochter des verwitweten Schlossherren aus dem Haus vertrieben haben. Unterschlupf

↑ Der Malerwinkel begeistert mit buntem Fachwerk.
← Das Schneewittchenschloss beherbergt das Spessartmuseum.

fand sie bei den Bergleuten im Spessart, die als Vorlage für die Zwerge dienten. Heute ist im Schloss das Spessartmuseum untergebracht. Zentrales Thema sind der Wald und der Mensch im Wald. Schneewittchen und die Spessarträuber werden ebenso gezeigt wie die frühere Armut der meisten Spessartbewohner. Zudem erläutert eine Sammlung von Gläsern und Spiegeln die historische Glasherstellung im Spessart.

Vorstadt mit Flair

Die alte Stadtbefestigung mit dem Bayersturm bildet die Grenze der Oberstadt zur Fischervorstadt. Dieser außerhalb der Stadtmauer zum Main hin gelegene Stadtteil gilt als eine der besterhaltenen historischen Vorstädte in Mainfranken. Der mit einer eigenen, schwächeren Mauer eingefasste Stadtteil war einst die Heimat der Fischer und Bootsbauer.

Die Häuser, die vielfach im Kern im Mittelalter entstanden, können mit der Pracht der Bürgerhäuser an der Hauptstraße nicht konkurrieren. Aber gerade das Bescheidene der alten Handwerkerhäuser, die sich blumengeschmückt um den Fischerbrunnen und die beiden kopfsteingepflasterten Gassen drängen, machen den besonderen Reiz des malerischen Fischerviertels aus.

Lage/Einwohnerzahl Lohr zählt 15 000 Einwohner und liegt am östlichen Fuß des Spessarts am Mainufer.

Highlights Die Altstadt mit dem Fischerviertel, dem romantischen Marktplatz und dem Schneewittchenschloss mit dem Spessartmuseum

Tipp Eine Einkehr in einem der historischen Gasthäuser am malerischen Marktplatz und eine Übernachtung im romantischen Fachwerkgebäude des Hotels Krone

Informationen lohr.de/tourismus-und-kultur

3 Ochsenfurt, Marktbreit und Sommerhausen

Zwischen Malerwinkel und Künstlerdorf

Maindreieck heißt der Flussabschnitt des Mains rund um Ochsenfurt. Von Norden kommend, ändert hier der Fluss in einer weiten Schleife zwischen Marktbreit und Ochsenfurt seine Richtung, um dann über Sommerhausen in nordwestlicher Richtung nach Würzburg zu fließen. Kleine Städte und zahlreiche Weindörfer prägen das Bild des bezaubernden Tales. Das beherrschende Zentrum dieses Flussabschnittes ist Ochsenfurt, die größte Stadt im Landkreis Würzburg. Kurze Abstecher führen uns in das nur wenige Kilometer entfernte Künstlerdorf Sommerhausen und ins malerische Marktbreit.

Stadt der Türme

Das nahe dem Ufer des Mains auf einem rechteckigen Grundriss erbaute Ochsenfurt entstand ab dem 12. Jahrhundert anstelle eines frühmittelalterlichen fränkischen Königshofes in enger Verbindung mit einer Furt, die zu dieser Zeit mit einer hölzernen Brücke überbaut wurde. Über die Brücke lief die wichtige Pilgerstraße Richtung Rom, und so ließen die Würzburger Bischöfe Ochsenfurt im 14. Jahrhundert zu einer wehrhaften Stadt ausbauen. Die mächtige Stadtmauer ist in weiten Teilen erhalten geblieben und Klingentorturm, Nikolausturm,

Pulverturm, Oberer Turm und Taubenturm prägen die Außenwirkung der Altstadt von Ochsenfurt – der Stadt der Türme. Ein fester Bestandteil des Stadtplans ist die wichtige Brücke, die im 16. Jahrhundert durch den Steinbau ersetzt wurde, der sich noch heute in eleganten Bögen über die Mainaue und den Fluss schwingt. Nur der Mittelteil wurde später ersetzt, um auch größeren Schiffen die Durchfahrt zu ermöglichen.

Bezauberndes Lanzentürmchen

Im Schatten des nahen, einflussreichen Würzburg gelegen, konnte Ochsenfurt nie eine überregionale Bedeutung als Handelsmetropole entwickeln. Aber für das Umland war dieser Ort mit seiner Mainbrücke ein wichtiger Handels- und Verkehrsknotenpunkt und den daraus resultierenden Wohlstand kann man bis heute am prächtigen Neuen Rathaus ablesen. Wobei der Name Neues Rathaus ein wenig verwirrend sein mag, denn das dreistöckige Gebäude mit dem Staffelgiebel entstand um das Jahr 1500. Wahrzeichen der Stadt ist das 1560 errichtete Lanzentürmchen mit dem Spielwerk, das das Rathaus ziert. Zu jeder vollen Stunde kämpfen zwei Ochsen miteinander, eine astronomische Uhr zeigt Datum und Mondstand an, und darunter kann man die Uhrzeit ablesen. Ein Knochenmann steht mit einem Stundenglas für die Vergänglichkeit und den Tod, ein Ratsherr für das Alter und eine Jungfrau für die Jugend. Unter der Freitreppe mit der schönen spätgotischen Maßwerkbrüstung findet man das sogenannte Narrenhäuschen. Wer allzu tief ins Weinglas geschaut hatte, der musste hier seinen Rausch ausschlafen.

↑ Im Wein- und Künstlerstädtchen Sommerhausen
← Die herrliche Fachwerkzeile in Ochsenfurt

Fachwerk vom Feinsten

Zwischen Neuem und Altem Rathaus weitet sich die Hauptstraße zu einem lang gezogenen Straßenmarkt, der an seiner Nordseite von einer Reihe schmaler Fachwerkhäuser begrenzt wird. Die teils krummen Häuser wirken ein wenig, als hätten sie zu tief ins Glas geschaut und müssten sich gegenseitig stützen. Mit ihren vielfältigen Farben und Formen gehört diese Fachwerkzeile aber sicherlich zu den beschaulichsten Straßenzügen in ganz Franken. Zur Linken wird sie vom Alten Rathaus abgeschlossen, das einst auch als Kauf- und Lagerhaus diente. Auf der gegenüberliegenden Straßenseite erhebt sich auf einem hohen Podest, von dem man einen vorzüglichen Blick auf die Fachwerkzeile hat, die imposante Stadtpfarrkirche St. Andreas. Ihre wuchtigen spätromanischen Türme überragen alle anderen Bauwerke und im gotischen Kirchenschiff finden sich einige interessante Kunstwerke. Weitere sehenswerte Gebäude wie das mittelalterliche Palatium, der ehemalige Amtssitz und die Kellerei des Würzburger Domkapitels, oder das Schlösschen, in dem heute das Heimatmuseum untergebracht ist, gilt es zu erkunden.

Ausflug nach Marktbreit

Fünf Kilometer mainaufwärts von Ochsenfurt liegt das malerische Städtchen Marktbreit. Das kleine Marktstädtchen, das erst 1819 die Stadtrechte erhielt, war das bedeutendste Handelszentrum der Grafschaft Schwarzenberg. An diese Zeit erinnert der alte Mainkran, der Ende des 18. Jahrhunderts anstelle eines vom Hochwasser zerstörten Vorgängers an der Mündung des Breitbaches in den Main erbaut wurde. Von hier gelangt man durch das malerische, im Jahr 1600 über dem Breitbach errichtete Maintor in die Altstadt. Bevor man jedoch den Weg in das historische Zentrum einschlägt, sollte man der Bachgasse nach links folgen. Nach kurzer Strecke erreicht man den sogenannten Malerwinkel, der die Maler der Romantik in ihren Bann zog. Aber auch heute noch begeistert der Blick über den von schmalen, schiefen Fachwerkhäusern gesäumten Breitbach zum turm- und uhrengeschmückten Renaissancebau des Maintores. Durch das Tor geht es schließlich vorbei am prächtigen Alten Rathaus, an barocken Bürgerhäusern und am Hotel Löwen, das als eines der ältesten Gasthäuser in Bayern gilt, zum Schlossplatz. Dort kann man im 1580 erbauten Renaissanceschloss einkehren.

Ins bezaubernde Künstlerdorf

Sechs Kilometer mainabwärts von Ochsenfurt liegt das befestigte Wein- und Künstlerdorf Sommerhausen. Das im gräflichen Besitz befindliche Dorf hatte schon im Mittelalter zwei Kirchen und wurde im 15. Jahrhundert mit einem Befestigungsring umgeben, der mit seinen Toren und Türmen weitestgehend erhalten geblieben ist. Hauptverkehrsader ist die Hauptstraße, die am Rathaus von Maingasse und Rathausgasse gekreuzt wird. Entlang der Hauptstraße bilden herrschaftliche Weingüter, Gasthäuser und stolze Bürgerhäuser die malerische Kulisse. Hier findet man auch das Renaissancerathaus mit dem wuchtigen Treppengiebel und das Renaissanceschloss mit dem zierlichen Treppentürmchen. Dort kann man sich im Weingut Schloss Sommerhausen im schattigen Gastgarten ein gutes Glas Wein schmecken lassen oder eines der stimmungsvollen Konzerte besuchen. Seit den 1920er-Jahren entstand in Sommerhausen eine Künstlerkolonie und bis heute findet man in den Galerien die Werke heimischer Künstler und Kunsthandwerker. Weithin bekannt ist das im Würzburger Tor beheimatete Torturmtheater, in dem gerade einmal 50 Zuschauer Platz finden.

Lage/Einwohnerzahl Ochsenfurt liegt südöstlich von Würzburg am Maindreieck und zählt 11300 Einwohner.

Highlights Die Altstadt von Ochsenfurt mit dem Renaissancerathaus, der Fachwerkzeile und der Stadtbefestigung; der wundervolle Malerwinkel in Marktbreit

Tipp Eine Vorstellung im Torturmtheater in Sommerhausen besuchen

Informationen ochsenfurt.de, marktbreit.de/freizeit-tourismus/tourist-information, sommerhausen.de/tourismus

↑ Der romantische Malerwinkel in Marktbreit
← Das Lanzentürmchen am Ochsenfurter Rathaus

4 Iphofen und Mönchsondheim

Romantische Stadttore und wehrhafte Kirchenburg

Die Urpfarrei Iphofen wurde im 8. Jahrhundert vom fränkischen Herrscherhaus dem neu gegründeten Bistum Würzburg übereignet und blieb bis zur Gründung des Königreichs Bayern unter Würzburger Verwaltung. Im 13. Jahrhundert erhielt Iphofen die Stadtrechte und wurde mit einer wehrhaften Stadtmauer geschützt. Außen vor blieb jedoch das sogenannte Gräbenviertel im Südwesten der Stadt. Es war zu dieser Zeit im Besitz des Hauses Hohenlohe, das sein Stammgebiet im heutigen Baden-Württemberg hatte. Erst als das Gräbenviertel im 15. Jahrhundert zu Würzburg kam, wurde es in die Stadtverteidigung miteinbezogen. Noch heute, 600 Jahre später, lässt sich die Zweiteilung am Stadtgrundriss und im Stadtbild ablesen. Vor allem in der Ludwigstraße sind mitten in der heutigen Stadt die Reste der alten Befestigung und der vorgelagerte Verteidigungsgraben noch deutlich auszumachen.

Stadtmauerromantik vom Feinsten

Die Stadtmauer von Iphofen mitsamt ihren Türmen und Toren ist nahezu vollständig erhalten und auf einem malerischen Weg kann man entlang der Mauer die Stadt umrunden. Wir beginnen die Runde an der Bahnhofstraße, dem südlichen Stadtzugang. Von hier folgen wir im Uhrzeigersinn der

Mauer, die erst in einem zweiten Bauabschnitt um das Jahr 1400 um das Grabenviertel errichtet wurde. Bald ist das Mitte des 16. Jahrhunderts erbaute Mainbernheimer Tor erreicht, vor dem noch das Häuschen des Torwächters erhalten ist. Wenig später trifft die jüngere Stadtmauer in einem auffälligen Winkel auf die alte. Hier liegen Hirten- und Henkersturm, in dem einstmals die Familie des Scharfrichters untergebracht war.

Entlang der alten Stadtmauer geht es nun zum Bürgerturm, eine für die Stadtverteidigung wichtige Eckbastion, die zusätzlich als Stadtgefängnis diente. Nur wenige Schritte sind es jetzt noch zum wunderbaren Rödelseer Tor, dem Wahrzeichen von Iphofen. Zusammen mit dem Mittagsturm, der auch als Kerker diente und mit dem es über eine Zugbrücke verbunden war, sicherte es den nördlichen Zugang zur Stadt. Dank seiner bezaubernden Fachwerkkonstruktion zählt das Torhaus mit dem eigenwilligen Türmchen zweifelsohne zu den romantischsten und meistfotografierten Wehranlagen in Franken.

Folgen wir anschließend weiter dem Mauerrundweg, erreichen wir an der Ostseite der Stadtbefestigung das Einersheimer Tor, das mit seiner Buckelquadermauer und der Pechnase über dem Durchgang einen wehrhaften Eindruck macht. Weiter geht es zum Eulenturm, der die Südostecke des Mauerrings sicherte. In ihm befand sich das Verlies für Schwerverbrecher, die zu lebenslanger Haft verurteilt wurden. Von hier aus sieht man schon den eckigen Zehntturm, an dem sich das seit 1596 zugemauerte Pesttor befand. Durch dieses Tor wurden die Pesttoten zum Friedhof gebracht. Jetzt sind es nur noch wenige Schritte zurück zur Bahnhofstraße.

↑ Kirche und Rathaus überragen den Marktplatz von Iphofen.
← Das zauberhafte Rödelseer Tor in Iphofen

Altstadt mit Wein und Kultur

Zentrum von Iphofen ist unzweifelhaft der malerische Marktplatz, an dem wir eine Erkundungsrunde durch die weinsinnige Stadt machen. Besonders stimmungsvoll ist der Platz alljährlich am zweiten Juliwochenende, wenn hier das Iphöfer Winzerfest stattfindet. Wie von einer Theaterkulisse wird der Marktplatz an seiner Nordseite von einem malerischen Gebäudeensemble überragt. Der von einer barocken Marienfigur gekrönte Brunnen, das historische Gasthaus Goldene Krone, das prächtige Barockrathaus und die mächtige Stadtpfarrkirche St. Veit bilden trotz ihrer unterschiedlichen Dimensionen und Baustile ein stimmungsvolles Ganzes.

Wie ein Palast wirkt das mächtige Rathaus mit seiner doppelläufigen Treppe, zu deren Füßen einst in den zwei kleinen Schandhäuslein die Bürger bei kleinen Verfehlungen festgehalten wurden. Über dem festlichen Portal prangt das Wappen der Würzburger Bischöfe. Mit dem riesigen Bau der Veitskirche hatte sich das Städtchen einst überhoben, die Fertigstellung dauerte ganze 200 Jahre. So vereinen sich im Gotteshaus verschiedene Baustile vom spätgotischen Chor bis ins frühe Barock. Neben der gotischen »Schönen Madonna von Iphofen« und einer Figur von Tilman Riemenschneider begeistern sich Kunstinteressierte auch für die wundervolle Barockorgel.

Schlendert man durch die Straßen von Iphofen, kann man sich an einer Vielzahl weiterer historischer Gebäude begeistern. Kirchen, Adelshöfe und Winzergüter wie der barocke Zehnthof machen den besonderen Reiz dieser Stadt aus. Auf Schritt und Tritt begegnet man in der Stadt ihrem seit jeher wichtigsten Handelsgut, dem Wein. Dank ausgezeichneter Lagen wie dem Julius-Echter-Berg entstehen in Iphofen fränkische Spitzenweine, und an allen Ecken der Stadt kann man sich in den zahlreichen Weingütern und Vinotheken mit edlen Tropfen versorgen. Und wem der Sinn nach

↑ Der barocke Marienbrunnen am Iphofer Marktplatz
← Weinpressen im Kirchenburgmuseum Mönchsondheim

Kunst und Kultur steht, der kommt in Iphofen ebenfalls nicht zu kurz. Neben einigen Galerien locken auch die Geschichtsscheune mit einer interessanten Ausstellung zur Stadtgeschichte und vor allem das Knauf-Museum am Südende des Stadtplatzes. Neben einer Sammlung von Relief-Abgüssen aus den großen Epochen des Altertums werden wechselnde Sonderausstellungen gezeigt.

Ausflug in die Vergangenheit

Ein kurzer Ausflug führt von Iphofen in das nur wenige Kilometer entfernte Dörfchen Mönchsondheim. Hier bietet das Kirchenburgmuseum Mönchsondheim einen tiefen vielfältigen Einblick in die Geschichte. Zentrum des einmaligen Freilandmuseums ist die malerische Kirchenburg mit der Kirche, den umgebenden Fachwerkgebäuden und den Vorratsspeichern und Kellern. In den Räumlichkeiten findet man interessante Ausstellungen zum ländlichen Leben, zum Handwerk und zum Weinbau. Was das Museum aber so außergewöhnlich macht, sind die Gebäude rund um die Kirchenburg, die eindrücklich vom Dorfleben in vergangenen Zeiten erzählen. Im 1557 erbauten Rathaus findet man die alte Gemeindebäckerei und eine historische Posthilfsstelle. Neben einer Dorfschule aus dem Jahre 1927 und einem Dorfladen aus den 1950er-Jahren begeistert vor allem der 1790 erbaute Gasthof Schwarzer Adler mit historischer Kegelbahn. In seinen Räumen kann man sich ein originalgetreues Bild machen, wie ein Gasthof vor 100 Jahren ausgesehen hat.

Lage/Einwohnerzahl Iphofen liegt östlich von Kitzingen oberhalb des Maintales und hat 4700 Einwohner.

Highlights Die Altstadt von Iphofen mit Knauf-Museum und Rathaus am malerischen Marktplatz und der Stadtbefestigung mit dem wundervollen Rödelseer Tor; das Kirchenburgmuseum in Mönchsondheim

Tipp Eine Nacht im feinen Barockweingut und Hotel Zehntkeller

Informationen iphofen.de, kirchenburgmuseum.de

5 Dettelbach

Vom Rathaus zur Wallfahrtskirche

Das historische Stadtzentrum von Dettelbach liegt am Fuß von Weinbergen auf den sonnenüberfluteten, nach Süden ausgerichteten Hängen des Maintals und wird vom Dettelbach in zwei Stadtteile getrennt. Schon im Jahre 741 wurde der Ort auf einer Urkunde erstmals erwähnt. Keimzelle von Dettelbach war eine Burg, die sich einst nahe der heutigen Pfarrkirche befand. Nur langsam entwickelte sich am Fuß der Burg und der Pfarrkirche ein Dorf, dessen Struktur man noch heute an den Gassen rund um den kleinen Marktplatz ablesen kann. Erst als im späten Mittelalter das Würzburger Erzbistum das unter vielen Grundherrn aufgeteilte Gebiet rund um Dettelbach in seinen Herrschaftsbereich integrieren konnte, erfuhr die Stadt einen deutlichen Aufschwung. Sie wurde zum Amtssitz, erhielt 1484 die Stadtrechte verliehen und wurde mit der Stadtmauer umgeben, die in großen Teilen bis in die heutigen Tage erhalten geblieben ist. Ab dem 16. Jahrhundert erlebte der Ort als Ziel einer bis heute bedeutenden Wallfahrt einen zusätzlichen Aufschwung. Das Rückgrat der Wirtschaft war und ist jedoch der Wein, der in den Hängen rund um das malerische Städtchen angebaut wird.

Vom Dettelbach getrennt, vom Rathaus geeint

Dettelbach wird durch das gleichnamige Flüsschen in zwei recht unterschiedliche Stadtteile getrennt. Der ältere Siedlungskern zieht sich östlich des Dettelbachs über die steilen Hänge, auf denen einst die Burg stand, hinauf. Der Verlauf der Straßen und Gassen wird hier von der anspruchsvollen Topografie bestimmt. Westlich des Flusses liegt in flacherem Gelände der jüngere Bereich der Altstadt. Er entstand erst im 15. Jahrhundert im Rahmen der Stadterhebung und Stadterweiterung.

Wie eine Klammer verbindet das prächtige spätgotische Rathaus diese beiden Stadtteile. Es wurde 1512 nach einer dreißigjährigen Bauzeit fertiggestellt und ersetzte einen hochmittelalterlichen Vorgängerbau, der wahrscheinlich seinen Platz am heutigen Rathaus hatte. Für eine so kleine Stadt scheint es fast überdimensioniert und erzählt lebhaft vom Bürgerstolz seiner Erbauer. Das Rathaus überspannt den Dettelbach, und die Durchfahrt im Erdgeschoss war einst nicht nur die einzige Verbindung zwischen den beiden Stadtteilen, sondern durch sie lief auch die wichtigste Straßenverbindung des Maintales. Die doppelläufige Freitreppe endet in einer offenen, von einem Erker überragten Verkündigungshalle, von der aus früher öffentliche Bekanntmachungen verlesen wurden, und unter der Treppe befand sich das sogenannte Narrenhaus, Arrestzellen für Betrunkene oder Randalierer. Mit der Markthalle im Erdgeschoss, dem Festsaal im ersten Stockwerk und dem Bürgersaal im zweiten war das Rathaus der unbestrittene Mittelpunkt des städtischen Lebens in Dettelbach.

↑ Steil führt die Faltergasse hinab zum Marktplatz.
← Schmale Gassen führen zum Brucker Tor.

Steile Gassen und runde Türme

Der älteste Teil von Dettelbach liegt östlich des Rathauses und wird von der eigenwilligen doppeltürmigen Stadtpfarrkirche überragt, die auf einem hohen Podest über dem Marktplatz steht. An der Treppe, die hinauf zum Gotteshaus führt, erzählt der alte Pranger von den finsteren Seiten früherer Zeiten. Der älteste Teil ist der viereckige Turm, von dem aus einst der Türmer über die Sicherheit der Stadt wachte. Die Bauzeit reichte vom späten 15. Jahrhundert bis in das 17. Jahrhundert, und so mischen sich hier Baustile von der Gotik bis zum Barock. Vom Kirchplatz hat man einen herrlichen Blick hinab zum kleinen, gemütlichen Marktplatz mit seinen alten Fachwerkhäusern, die einen gelungenen Kontrast zum hochmodernen Kultur- und Kommunikationszentrum bilden. Rund um das Rathaus und den Marktplatz findet alljährlich am Fronleichnamswochenende das stimmungsvolle Altstadtweinfest statt und an Kirchweih Ende August kann man in den Innenhöfen der Winzerhöfe den Wein verkosten.

Vom Marktplatz aus führt eine enge Gasse nach Norden zum Dettelbach mit dem malerischen Gebäudeensemble am Brücker Tor. Von dort könnte man der Stadtmauer hinauf zum Faltertor folgen, das den höchsten Punkt der Altstadt markiert. Schöner ist es allerdings, wenn man zum Marktplatz zurückkehrt und von dort aus die Gassen erkundet.

Auf der Bamberger Straße lief einst der Fernverkehr von Bamberg nach Würzburg. Und die Faltergasse führt an der Kirche und an zahlreichen historischen Gebäuden vorbei steil hinauf zum Falterturm. Von hier läuft der schönste Abschnitt der Stadtmauer nach Süden hinab zum Main und zurück zum Dettelbach. Ein besonders hübsches Bild bieten die wuchtigen Türme der Stadtmauer, an denen sich kleine, nachträglich erbaute Häuschen festklammern.

Vom Bildstock zur Wallfahrt

An der südlichen, dem Main zugewandten Stadtmauer beginnt der Skulpturenweg Pilgervolk, der vorbei an sieben Skulpturen zum Faltertor und weiter zur Wallfahrtskirche Maria im Sand führt. Ursprüngliches Ziel der Wallfahrt war ein außerhalb der Stadtmauern von Dettelbach gelegener Bildstock. Er erschien einem Tagelöhner, der nach einer Wirtshausschlägerei ein Jahr bettlägerig war und der im Traum den Auftrag bekam, zu jenem Bildstock zu pilgern. Die

Nachricht, dass er fortan geheilt war, verbreitete sich schnell und Anfang des 16. Jahrhunderts wurde für den zunehmenden Strom der Wallfahrer eine erste Kapelle errichtet. Doch durch die Reformation ebbte der Pilgerstrom ebenso schnell ab, wie er gekommen war. Im Zeichen der Gegenreformation ließ der Würzburger Bischof Julius Echter die Wallfahrt wiederbeleben.

Ab 1608 wurde die Wallfahrtskirche großzügig erweitert und nebenan entstand ein Franziskanerkloster. Heute ist die beeindruckende Kirche Maria im Sand, die auch Maria in arena genannt wird, das Ziel einer der beliebtesten Wallfahrten in Franken. Das Gotteshaus ist eine eigenwillige, aber gelungene Mischung aus Gotik, Renaissance und Barock. Durch ein prachtvolles, mit reichem Figurenschmuck versehenes Portal gelangt man in das Kirchenschiff. Hier beeindrucken vor allem der Ende des 18. Jahrhunderts aus Stuckmarmor errichtete Gnadenaltar mit dem Gnadenbild einer spätgotischen Marienfigur und die herrliche Kanzel von 1626 mit dem Motiv des Stammbaumes von Jesus.

Lage/Einwohnerzahl Die 7200-Einwohner-Stadt Dettelbach liegt zwischen Würzburg und Schweinfurt im Maintal.

Highlights Die Altstadt mit dem Renaissancerathaus, dem malerischen Marktplatz, der Stadtpfarrkirche und der in großen Teilen erhaltenen Stadtbefestigung; die Wallfahrtskirche Maria im Sand

Tipp Malerisch an der Stadtmauer liegt neben dem Falterturm das Café Achtmann.

Informationen dettelbach-entdecken.de

↑ Die malerische Stadtmauer zieht zum Falterturm.
← Der Marktplatz ist die gute Stube von Dettelbach.

6 Volkach und Sommerach

Rund um Mainschleife und Weininsel

Am Scheitelpunkt einer engen Mainschleife liegt eingebettet in sanfte Weinberge das Städtchen Volkach. Im 13. Jahrhundert erhielt der Ort, der unter dem Einfluss der Grafen von Castell stand, die Stadtrechte und wurde mit einer Stadtmauer eingefasst. Die Altstadt von Volkach steht etwas erhöht abseits des Mainufers, was einen besseren Schutz vor den ständig drohenden Mainhochwassern bot. Am Unteren Tor, das auch den Namen Gaibacher Tor trägt, kann man diese Gefahr anhand der historischen Hochwassermarken ablesen. Hauptachse der mittelalterlichen Stadtanlage ist die Hauptstraße, die zwischen den beiden Tortürmen durch den langgestreckten Ort läuft. Auf ihr verlief die wichtige Hauptverbindung und Handelsroute durch das Maintal von Bamberg nach Würzburg. Um Volkach zu erkunden, folgt man am besten der Hauptstraße, an der Gaststätten und Vinotheken zum Verweilen einladen und an der alle Sehenswürdigkeiten der Stadt liegen.

Von Tor zu Tor

Wir beginnen unsere Erkundung im Norden der Altstadt am Unteren Tor, das im Kern aus der Erbauungszeit der Stadtbefestigung im 13. Jahrhundert stammt. Vorbei an einigen Weinhandlungen und Cafés schlendern wir auf der Hauptstraße aufwärts und machen nach kurzer Strecke einen Abstecher nach links in die Weinstraße. Hier kann man dem Museum Barockscheune mit dem interessanten Stadt- und Heimatmuseum einen Besuch abstatten. Im Scheunengebäude aus dem Jahre 1714 kann man unter vielem anderen ein historisches Stadtmodell bewundern oder Informationen über den Weinbau und die Entwicklung des Bocksbeutels sammeln. Highlight ist das sogenannte Salbuch, eine Handschrift des Stadtschreibers Niklas Brobst, die vom Leben um das Jahr 1500 berichtet.

Zurück an der Hauptstraße setzen wir unsere Stadterkundung fort und biegen schon nach wenigen Schritten in die nächste Gasse links ab. In der Schelfengasse kann man die prächtige Barockfassade des Schelfenhauses bestaunen. 1719 ließ sich der Bürgermeister und Kaufmann Johann Schelf das prächtige Gebäude als Zeichen bürgerlichen Stolzes erbauen. Weiter geht es nun zum Marktplatz, der prächtigen guten Stube von Volkach. Die Stufen des achteckigen Brunnens mit der barocken Marienfigur sind ein beliebter Platz, um ein Gläschen Wein mit Blick auf die schönen Gebäude zu genießen. Ganz verschiedene Häuser mit gotischer Fassade, barockem Walmdach oder feinem Fachwerk vereinen sich hier zu einem gelungenen Ganzen. Höhepunkt ist das 1544 erbaute Renaissancerathaus, das zu den schönsten seiner Art in Franken gehört. Wer in früheren Zeiten zu tief ins Glas geschaut oder kleinere Vergehen begangen hatte, der musste die Nacht in den Narrenzellen unter der doppelten Freitreppe verbringen. Wie in so vielen anderen Städten hatte auch in Volkach das Rathaus viele Funktionen zu erfüllen: Markthalle, Verwaltungsort und Gerichtsgebäude.

Im Süden wird der Marktplatz von der Bartholomäuskirche mit ihrem 54 Meter hohen Turm überragt. Erbaut wurde das Gotteshaus im 15. Jahrhundert auf den Resten einer älteren Vorgängerkirche, von der nur eine 1313 gegossene Glocke erhalten ist. Im Chor ist noch das gotische Rippengewölbe zu sehen, während das Kirchenschiff im Stil von Barock und Rokoko überprägt wurde. Vorbei an weiteren historischen Gebäuden wie dem Hotel Zur Schwane schlendern wir noch zum nahen Oberen Tor, dessen Turm auch den Namen Diebenturm trägt. In dem im 13. Jahrhundert erbauten Torturm war einst das Gefängnis von Volkach untergebracht. Ausklingen lassen wir die Runde natürlich am Marktplatz im Herzen der Altstadt.

↑ Tilman Riemenschneider schuf die Madonna im Rosenkranz.
← Der Marktbrunnen und das Rathaus von Volkach

Ein Krimi um Maria

Der größte Kunstschatz auf Volkacher Flur ist die gut einen Kilometer nördlich der Altstadt inmitten von Weinbergen gelegene Wallfahrtskirche Maria im Weingarten. Ein Kreuzweg führt durch die Weinberge aufwärts und durch ein Rundbogenportal ins Kirchengelände. Hier muss man eine kleine Eintrittsgebühr bezahlen, ehe man das gotische Kleinod durch das aufwendig gestaltete Südportal betreten kann. Die Kirche entstand in der zweiten Hälfte des 15. Jahrhunderts über den Resten eines älteren Vorgängerbaus. Das ursprünglich geplante Kreuzrippengewölbe ist nur im Chor ausgeführt. Was so viele Kunstkenner anlockt, sind die außergewöhnlichen Kunstwerke in der berühmten Kirche. Das Ziel der Wallfahrt war die Figur einer leidenden Muttergottes aus der zweiten Hälfte des 14. Jahrhunderts. Daneben findet man noch weitere beachtenswerte spätgotische Schnitzfiguren wie eine Anna Selbdritt oder ein großes Kruzifix, das ursprünglich den Platz im Chorbogen einnahm. Das bei Weitem wertvollste Kunstwerk ist allerdings die Madonna im Rosenkranz, die heute im Chorbogen zu finden ist. Die 1524 vollendete Marienfigur gilt als eines der bedeutendsten Werke des Würzburger Meisters Tilman Riemenschneider. Unvergleichlich elegant steht sie, umgeben von schwebenden Engeln und einem Kranz aus Rosen, auf einer Mondsichel. Zu trauriger Berühmtheit gelangte die Rosenkranzmadonna, als sie in der Nacht vom 6. auf den 7. August 1962 zusammen mit weiteren Kunstwerken von Räubern aus der Kirche gestohlen wurde. Nach enormem medialen Interesse und durch Vermittlung der Illustrierten Stern konnten die Kunstwerke nach Zahlung ei-

Im Weinstädtchen Sommerach findet man zahlreiche gemütliche Einkehrmöglichkeiten (Bild oben und linke Seite).

nes beachtlichen Lösegeldes zwei Wochen nach dem Raub wiederbeschafft werden. Die Diebe konnten nach aufwendigen Ermittlungen erst 1968 gefasst werden.

Ausflug auf die Weininsel

Fünf Kilometer südlich von Volkach liegt am Südfuß der Weininsel, die von Main und Mainkanal umflossen wird, das malerische Weindörfchen Sommerach. Der Preisträger des Wettbewerbs »Unser Dorf soll schöner werden« aus dem Jahr 2013 ist von einer im 15. und 16. Jahrhundert erbauten Mauer mit Türmen und Toren umgeben. Romantische Fachwerkhäuser und barocke Bürgerhäuser prägen das Bild des Ortes, der vom mächtigen Turm der spätgotischen Pfarrkirche überragt wird. Seit vielen Jahrhunderten sorgt der Weinbau für den Wohlstand des Ortes. Die erste Winzergenossenschaft Frankens und 30 weitere Weingüter erzeugen vielfach ausgezeichnete Weine. Die edlen Tropfen kann man in den zahlreichen Weinstuben und Gasthäusern in der Bilderbuchatmosphäre von Sommerach in aller Ruhe genießen. Besonders reizvoll ist ein Besuch zum großen Weinfest am zweiten Juliwochenende.

Lage/Einwohnerzahl Volkach liegt südlich von Schweinfurt an einer Mainschleife und zählt 8800 Einwohner.

Highlights Die Altstadt von Volkach rund um den malerischen Marktplatz; nördlich der Altstadt die wundervolle Wallfahrtskirche Maria im Weingarten; das Winzerstädtchen Sommerach

Tipp Übernachten in einem der vielen in historischen Gebäuden untergebrachten Hotels in der Altstadt von Volkach

Informationen volkach.de, sommerach.de

7 Prichsenstadt

Idyllische Kleinstadt am Steigerwald

Nur wenige Touristen finden den Weg nach Prichsenstadt, das am Fuß sonnenüberfluteter Weinberge liegt. Die Geschichte der Stadt beginnt mit dem Dorf Briesendorf, das im Jahre 1366 in den Besitz von Kaiser Karl IV. kam. Östlich des Dorfes ließ er einen befestigten Markt anlegen, den er 1377 mit dem Stadtrecht und dem Asylrecht ausstattete und der seither den Namen Prichsenstadt trägt. Ein erster Mauerring wurde angelegt, der im 15. Jahrhundert erweitert wurde und nun auch das ursprüngliche Dorf in die Stadtbefestigung integrierte. Die Trennung der beiden Stadtteile manifestiert sich augenfällig im Stadtturm, der Teil der ersten Stadtmauer war und heute mitten in Prichsenstadt aufragt. Nach wechselvoller Geschichte mit schweren Zerstörungen im Dreißigjährigen Krieg kam Prichsenstadt im Jahr 1803 zu Bayern und erlebte im 19. Jahrhundert eine Blütezeit. 1950 wurde in der Stadt die jahrhundertealte Tradition des Weinbaus wiederaufgenommen, der um 1900 vor allem wegen der Schäden durch die Reblaus eingestellt wurde. Heute produzieren wieder zahlreiche Winzer ausgezeichnete Weine. An der katholischen Kirche, die nordwestlich außerhalb der Stadt liegt, beginnt der sogenannte Prichsenstädter Rebenlauf, ein Rundweg durch die Weinberge.

↑ Der Stadtturm ist Teil der ersten Befestigung.
← Große Teile der Stadtmauer sind erhalten geblieben.

Interessante Informationen zum Weinbau werden durch einen Blick über das malerische Städtchen abgerundet.

Mauern, Türme, Tore

Ein großer Teil der einstigen Stadtbefestigung von Prichsenstadt einschließlich der Türme und vorgelagerten Weiher ist bis heute erhalten. Im Westen gelangt man durch das wuchtige Obere Tor in die Stadt. Das im 16. Jahrhundert erbaute Tor wurde bis 1861 nur bei Bedarf geöffnet und bis 1933 mussten Auswärtige beim Torwächter einen Pflasterzoll entrichten. Vorbei an stolzen Bürgerhäusern führt die Luitpoldstraße durch die ehemalige Vorstadt. Bald führt die Straße durch den 1419 erbauten, 47 Meter hohen Stadtturm auf den Karlsplatz. Hier war über Jahrhunderte das Zentrum der Markttätigkeit und vom 1488 erbauten Fachwerk-Rathaus aus wurden die Geschicke der Stadt bestimmt. Hinter dem Rathaus reckt sich der Turm der ab dem 14. Jahrhundert erbauten Stadtkirche in die Höhe, der ursprünglich Teil der Stadtbefestigung war. Neben dem Rathaus setzt sich vor allem die Alte Schmiede in Szene, deren Geschichte bis ins Jahr 1242 zurückreicht und die damit das älteste Gebäude in Prichsenstadt ist.

Asyl und Luxus

Folgt man der von historischen Gebäuden aus verschiedenen Epochen gesäumten Schulinstraße, kann man bald links in die schmale Freihofgasse abbiegen. Hier liegt der Freihof, der Ende des 16. Jahrhunderts über den Resten eines Schlosses errichtet wurde. Mit seinen wuchtigen Grundmauern und dem Fachwerkobergeschoss vermittelt er das Bild malerischer Gediegenheit. Seinen Namen verdankt er der Tatsache, dass er Zufluchtsort für Asylsuchende war. Von hier aus konnte man, wenn man ohne Absicht einen Menschen getötet hatte, Kompensationsverhandlungen führen. Heute bietet der Freihof dank dem hier untergebrachten luxuriösen Hotel Zuflucht und Erholung für gestresste Gäste.

Lage/Einwohnerzahl Das 3000-Einwohner-Städtchen Prichsenstadt liegt östlich oberhalb von Volkach am Westhang des Steigerwaldes.

Highlights Die malerische Altstadt mit dem großteils erhaltenen Mauerring, dem Stadtturm und dem Rathaus im Zentrum; der Weinbergrundweg Prichsenstädter Rebenlauf

Tipp Die Mischung aus historischem Ambiente und moderner Wellness im feinen Hotel Freihof genießen

Informationen prichsenstadt.de/tourismus

8 Königsberg in Bayern

Altstadtidylle abseits des Trubels

Die Zeitschrift Geo zählt Königsberg zu den zehn schönsten Fachwerkstädten in Deutschland. Und trotzdem wird das idyllische kleine Städtchen nicht von Touristenmassen gestürmt wie so manch anderes historisches Kleinod. Es gibt vergleichsweise wenige Einkehr- und Übernachtungsmöglichkeiten und das Leben in den Gassen geht abseits des Massentourismus seinen gewohnten Gang. Königsberg ist nach wie vor eine Stadt für die Stadtbewohner und nach Aussagen der Einheimischen soll dies auch so bleiben. Es ist nicht so, dass Touristen nicht gerne gesehen sind, sie sollen aber nicht den Rhythmus dieser fränkischen Kleinstadt bestimmen.

Franken, Sachsen, Bayern

Die Wurzeln der Stadt Königsberg reichen zurück bis zur Fränkischen Königsdomäne aus dem 8. Jahrhundert. Die eigentliche Gründung des Ortes hängt aber eng mit dem Bau der Burg zusammen, die der Stauferkaiser Friedrich Barbarossa im Jahre 1180 auf dem sogenannten Königsberg erbauen ließ.

An ihrem Fuß wuchs die Stadt Königsberg, die den Übergang des Rennwegs, eines alten Verbindungswegs zwischen Fulda und Bamberg, über die Haßberge sichern sollte. Schon im Jahr 1234 wird die Stadt als Oberreichsvogtei genannt. Eine erste Blütezeit erlebte Königsberg im 14. Jahrhundert, als sie unter den Grafen von Henneberg Markt- und Stadtrechte erhielt und die eigene Gerichtsbarkeit erlangte. Durch Verpfändung, Verkauf und Erbteilung wechselten in den folgenden Jahrhunderten immer wieder die Besitzer der Stadt. Im Jahre 1400 wurde Königsberg vom sächsischen Hause Wettin erworben und erlebte im 15. und 16. Jahrhundert seine Blütezeit. Diese wohlhabende Phase endete im Dreißigjährigen Krieg, als zwei verheerende, von den kaiserlichen Truppen verursachte Brände, große Teile der Stadt vernichteten. Jedenfalls blieb über die Jahrhunderte Königsberg eine sächsische Enklave zwischen den Bischofsländern von Bamberg und Würzburg, die von verschiedenen sächsischen Herzogtümern wie Sachsen-Weimar oder Sachsen-Gotha regiert wurde. Das Herzogtum Sachsen-Coburg und Gotha, zu dem Königsberg ab 1826 gehörte, wurde mit dem Ende des Ersten Weltkrieges aufgelöst. Nach einer Volksabstimmung im Jahr 1919 trat der Freistaat Coburg zum 1. Juli 1920 dem Freistaat Bayern bei. Seither gehört Königsberg, das zu diesem Termin auch den Beinamen »in Franken« in den Namenszusatz »in Bayern« änderte, zu Bayern.

Durch die Fachwerkgassen

Im Grundriss von Königsberg zeichnet sich noch deutlich die Lage der Stadtmauer ab, die schon ab dem 18. Jahrhundert abgetragen wurde. Neben einigen Mauerresten sind noch zwei malerische Tore erhalten geblieben. Wir beginnen eine Stadterkundung am unteren Stadttor, dem Haßfurter Tor, das mit seinem Fachwerkaufsatz ein romantisches Entree in die unter Denkmalschutz stehende Stadt bietet. Das einheitliche Bild der wundervollen Fachwerkstadt ist der Tatsache geschuldet, dass während der beiden großen Stadtbrände in den Jahren 1632 und 1640 nahezu alle Häuser vernichtet wurden. Was wir heute bestaunen können, wurde also großteils in der zweiten Hälfte des 17. und im 18. Jahrhundert erbaut. Schon nach wenigen Schritten weitet sich an einer Kreuzung mit Brunnen der Markt. Geradeaus führt die Eduard-Lingel-Straße an schönen Fachwerkhäusern vorbei und teilt sich dann in die Kirchgasse und die Wintergasse, die steil zum Marktplatz hinaufführen. Wir biegen hier aber links ab in die Marienstraße, den Hauptzugang zum oberen Stadtbereich. Gleich am Beginn der Straße begeistert links

↑ Auf der Marienstraße geht's hinauf zur Stadtkirche.
← Das Haßfurter Tor führt in die Altstadt.

das sogenannte Uhrmacherhaus, das unbestritten zu den kunstvollsten Fachwerkhäusern in Franken zählt. Das 1733 erbaute Gebäude ist mit zahlreichen Fratzenköpfen und Zierschnitzereien geschmückt und schon das Holzportal ist ein Kunstwerk für sich. Nach kurzer Strecke führt die Braugasse zum Alten Brauhaus, in dem heute ein Kunsthandwerkerhof untergebracht ist. Wir folgen der nach rechts abknickenden, mit altem Pflaster belegten Marienstraße, die uns zwischen zahlreichen weiteren historischen Gebäuden zur Stadtkirche hinaufführt.

Rund um den Marktplatz

Der von zahlreichen malerischen Häusern, dem Rathaus und der Stadtkirche eingefasste Marktplatz ist das Zentrum von Königsberg. Beeindruckendstes Bauwerk ist die Marienkirche mit ihrem 46 Meter hohen Kirchturm, die um das Jahr 1400 in gotischem Stil erbaut wurde. Die imposante dreischiffige Hallenkirche, die von einem Straßburger Meister entworfen wurde, zeugt vom Wohlstand, den sich Königsberg in jener Zeit erwirtschaftet hatte. Vom Platz führt auf der linken Seite das Urfinder Tor zwischen malerischen Fachwerkgebäuden aus der Altstadt hinaus. Folgt man der Straße noch kurz abwärts, erreicht man das Schützentor. Der Fachwerkbau entstand in einer Ausbauphase der Stadtbefestigung im 16. Jahrhundert. Wir wenden uns jedoch vor der Kirche nach rechts zum Rathaus von Königsberg. Das einstmals stolze Gebäude wurde im Stadtbrand von 1632 vernichtet und die verarmte Stadt konnte es nach dem Dreißigjährigen Krieg nur durch einen einfacheren Bau ersetzen. Vor dem Rathaus plätschert der Marktbrunnen mit dem 1871 eingeweihten Standbild von Johannes Müller, dem berühmten Astronomen, der unter dem Namen Regiomontanus bekannt ist. Den oberen Abschluss des Marktplatzes bildet der traditionsreiche Gasthof Goldener

↑ Abendstimmung am weiten Marktplatz
← Die wundervolle Fachwerkzeile am Salzmarkt

Stern, der nach dem Stadtbrand von 1632 auf den Grundmauern eines älteren Gasthofes erbaut wurde.

Salzmarkt und Reichsburg

Übergangslos setzt sich der Marktplatz von Königsberg im Salzmarkt fort, der sich als ein von historischen Gebäuden eingefasstes Dreieck bergauf zieht. Rechts wird er von einer Reihe malerischer Fachwerkhäuser begrenzt. Unter ihnen das Haus, in dem 1436 Regiomontanus geboren wurde. In dem wuchtigen Gebäude gegenüber quartierte sich 1632 General Tilly ein und durch eine Unachtsamkeit der Wachmannschaft ging von dort der große Stadtbrand aus. Vom Salzmarkt führt eine steile Straße zur Ruine der ehemaligen Reichsburg hinauf. Die 1180 erbaute und niemals eroberte Burg wurde im 17. Jahrhundert in ein Schloss umgewandelt, das ab dem 18. Jahrhundert dem Verfall preisgegeben wurde. Von der bestens renovierten, eindrucksvollen Ruine hat man eine schöne Aussicht und in der Schlossberg-Gaststätte kann man stimmungsvoll einkehren.

Lage/Einwohnerzahl Das Städtchen Königsberg in Bayern liegt nordwestlich von Haßfurt am Fuß der Haßberge und hat 3600 Einwohner.

Highlights Die herrliche Altstadt mit ihren zahllosen, wundervoll fotogenen Fachwerkgebäuden; die aussichtsreiche Burgruine mit Schlosswirtschaft

Tipp Bester Ausgangspunkt für eine nächtliche Runde durch die romantische Altstadt ist der Gasthof Herrenschenke.

Informationen koenigsberg.de/tourismus-und-kultur

9 Seßlach

Mittelalter für Romantiker

Als Rothenburg von Oberfranken wird das Städtchen Seßlach gerne in Anspielung auf die weltberühmte Stadt an der Romantischen Straße bezeichnet. Dies mag ein wenig übertrieben sein, denn die Größe und die historische Bedeutung von Seßlach kann mit jener von Rothenburg nicht konkurrieren. Und doch bezaubert das kleine oberfränkische Landstädtchen, die zweitkleinste Stadt Bayerns, mit seinem gemütlich-romantischen Flair jeden Besucher. Und oft hat man die kopfsteingepflasterten Plätze und Gassen – im Gegensatz zum überlaufenen Rothenburg – fast ganz für sich alleine. Kein Wunder also, dass dieses Stadtkleinod schon mehrmals als Filmkulisse diente, unter anderem für den Hollywoodfilm über das Leben von Martin Luther.

Der am Fuß der ehemaligen Burg auf dem Geiersberg im Tal der Thüringischen Rodach gelegene Ort kann auf eine lange Geschichte zurückblicken. Schon im Jahr 800 wurde auf einer Urkunde der Ort mit dem Namen Sezelaha erwähnt, der Urform des Stadtnamens Seßlach. Im 12. Jahrhundert kam der Ort in den Besitz des Bistums Würzburg und nach der Säkularisation im Jahre 1810 zu Bayern. 1355 erhielt Seßlach die Stadtrechte und das Recht sich zu befestigen. Es entstand die Stadtmauer, die Seßlach umgibt. An den Wochenenden werden noch heute die Stadttore geschlossen und man kann dann in aller Ruhe die verkehrsfreie Altstadt genießen.

Von Türmen und Toren

Schon bei der Anreise begeistert das Stadtbild von Seßlach mit seinen zahlreichen Türmen. Die mittelalterliche Stadtmauer, die bis ins 17. Jahrhundert immer wieder ergänzt und ausgebaut wurde, ist bis auf einen ganz kurzen Abschnitt vollständig erhalten. Vor allem an der Ostseite bietet am »Oberen Zwinger« die turmbewehrte Stadtmauer mit dem vorgelagerten Stadtgraben ein unverfälschtes mittelalterliches Bild. Hier verkündet im Lutherfilm die von Joseph Fiennes gespielte Titelfigur die berühmten 95 Thesen. Die Stadt wird durch eine lange Hauptstraßenachse, die Luitpoldstraße, und eine wichtige Nebenachse, die vom Marktplatz zur Rodach hinabläuft, erschlossen. Drei malerische Stadttore mit hoch aufragenden Tortürmen sichern die Zugänge zu diesen Straßenzügen. Von der spätgotisch-barocken Bogenbrücke über die Rodach betritt man durch das Rothenberger Tor die Stadt. Hier stürmen im Lutherfilm die aufgebrachten Gegner des Reformators in die Stadt. Im Norden gelangt man durch das malerische Hattersdorfer Tor mit seiner eigenwilligen Turmhaube und dem frei über dem Tor schwebenden Treppenaufgang in die Altstadt von Seßlach. Und schließlich bewacht im Süden das Geiersberger Tor mit seinen wuchtigen Holztoren das Städtchen.

↑ Das mächtige Hattersdorfer Tor
← Sehenswerte Fachwerkhäuser umrahmen den Kirchplatz.

Romantik mit Bier

Romantischer als in Seßlach kann ein Stadtspaziergang kaum sein. Am besten beginnt man einen Rundgang an der Rodachbrücke. Hier kann man am besten sein Fahrzeug abstellen, denn in der Altstadt ist das Parken nur für die Bewohner erlaubt. Durch das Rothenberger Tor und über die kurze Flenderstraße schlendern wir vorbei an zahlreichen historischen Gebäuden hinauf zum Marktplatz. Während die Stadtmauer im Mittelalter errichtet wurde, stammen eine Vielzahl der idyllischen Fachwerkhäuser aus dem 17. und 18. Jahrhundert. Am Gasthof Roter Ochse, dem ältesten Bewirtungsbetrieb der Stadt, öffnet sich der weite Platzraum von Maximiliansplatz und anschließendem Marktplatz. Hält man sich links und folgt kurz der Gasse, stößt man auf das Kommunbrauhaus von Seßlach. Seit die Stadt im Mittelalter das Braurecht erhielt, wird unter ihrer Regie für die Bürger Bier gebraut. Das heutige Brauhaus, eines der letzten seiner Art in ganz Deutschland, wurde Ende des 19. Jahrhunderts erbaut. Ein von der Stadt angestellter Braumeister ist für die Bierherstellung verantwortlich.

Rund um das Schmuckkästchen

Der Maximiliansplatz und der bergwärts anschließende Marktplatz sind von vielen malerischen Bauwerken eingefasst. In der Nordwestecke des Maximiliansplatzes sticht das Renaissancegebäude des ehemaligen Fürstbischöflichen Amtshauses mit seinem markanten Staffelgiebel ins Auge. Gegenüber ist das sogenannte Hohe Haus mit seinem Fachwerk aus dem 17. Jahrhundert, in dem heute ein Gasthof untergebracht ist, ein besonderer Blickfang. Wer sich am Marktplatz umschaut, der kann einige Häuser entdecken, die nach einem Stadtbrand Anfang des 20. Jahrhunderts im sogenannten Heimatstil neu errichtet wurden und sich dem historischen Stadtbild gut anpassen. An der Nordseite bestimmen aber drei malerische, zwischen dem 16. und 18. Jahrhundert erbaute Gebäude das Bild. Vor allem das Rathaus zieht mit seinem hell gestrichenen Fachwerk die Blicke auf sich. Das sogenannte Irrglöcklein im Dachtürmchen läutet jeden Abend und soll einer Legende nach Verirrten den Weg weisen. Der Dichter Friedrich Rückert, dessen Vater Amtsrichter in Seßlach war, hat das Städtchen in seiner »Ballade vom Irrglöckchen« verewigt.

Auf der Hauptstraße von Tor zu Tor

Am Rathaus treffen wir auf die Luitpoldstraße, die quer durch die Stadt führt. Wir wenden uns zuerst nach links und erreichen nach wenigen Schritten den von malerischen

↑ Die Luitpoldstraße führt ins Stadtzentrum.
← Das Kommunbrauhaus wird fleißig genutzt.

Fachwerkhäusern eingerahmten Kirchplatz. Die Stadtpfarrkirche ist Johannes dem Täufer gewidmet und gehörte wohl als Urkirche zu den ganz früh entstandenen Gotteshäusern. Die heutige Kirche ist ein Stilmix aus verschiedenen Epochen. Die dreischiffige spätgotische Kirche wurde im 18. Jahrhundert barock umgestaltet. Folgt man der Straße weiter Richtung Hattersdorfer Tor, kann man rechts einen Abstecher zum romantischen Oberen Zwinger unternehmen. Wenige Meter weiter können wir im Heimat- und Stadtmuseum im ehemaligen Getreideschüttboden in die Stadtgeschichte eintauchen.

Danach schlendern wir auf der Luitpoldstraße zurück ins Stadtzentrum und folgen ihr weiter Richtung Süden. Vorbei an Stein- und Fachwerkgebäuden, die großteils im 17. und 18. Jahrhundert erbaut wurden, erreichen wir das Geiersberger Tor mit den schweren hölzernen Torflügeln, das früher nur über eine vorgelagerte Brücke zu erreichen war. Wer zum Abschluss noch einmal Romantik satt tanken will, der folgt kurz vor dem Tor rechts der Steingasse oder der Badstubengasse zum sogenannten Krähenwinkel, einer besonders malerischen Ansammlung von Fachwerkhäusern.

Lage/Einwohnerzahl Das 3900-Einwohner-Städtchen Seßlach liegt südwestlich von Coburg.

Highlights Die Stadtmauer mit zahlreichen Türmen und Toren; die Altstadt rund um den Marktplatz mit zahlreichen historischen Gebäuden und mit versteckten romantischen Winkeln

Tipp Der im »Hohen Haus« residierende Gasthof Reinwand am Maximiliansplatz, in dem Bier aus dem Seßlacher Kommunbrauhaus ausgeschenkt wird.

Informationen sesslach.de

10 Coburg

Die Krone Frankens

Am Fuß des Festungsbergs liegt im Tal der Itz die lebhafte Stadt Coburg, die auch dank der Hochschule einen angenehm jungen Eindruck vermittelt. Ob mit Stadtfest, Open-Air-Konzerten oder internationalem Sambafest – dem größten seiner Art außerhalb Brasiliens –, die Stadt bietet einiges an Abwechslung und Lebensfreude. Und der Kulturliebhaber kommt unter anderem dank des Landestheaters nicht zu kurz. Auch aufgrund seiner Geschichte als Residenzstadt des Herzogtums Sachsen-Coburg und Gotha, das sich nach dem Beitritt zum Freistaat Bayern im Jahr 1920 so manche Sonderrechte sichern konnte, nimmt das kleine Coburg eine so außergewöhnliche Stellung ein.

Residenzstadt und Königsschmiede

Der 1056 erstmals erwähnte Ort wuchs an einer wichtigen Handelsstraße, deren Verlauf der Straßenzug Steinweg, Spitalgasse und Ketschengasse bis heute nachzeichnet. Noch heute sind diese Straßen die wichtigsten Einkaufsstraßen in Coburg. Am Kreuzungspunkt mit einer von West nach Ost verlaufenden Straße wurde der Marktplatz

↑ Abendstimmung am Schloss Ehrenburg
← Gebäude aus unterschiedlichen Epochen am Stadtplatz

angelegt, an dem sich die Entwicklung der Stadt ablesen lässt. Es entstand eine weitgehend regelmäßig angelegte Stadt, die schon Anfang des 13. Jahrhunderts mit einer Mauer umgeben wurde. Die Entwicklung der Stadt verlief jedoch so rasant, dass sie schon nach wenigen Jahrzehnten allseits über diesen ersten Mauerring hinauswuchs. Die ursprüngliche Befestigung lässt sich im Straßenbild, am Judentor und am Spitaltor ablesen, das die Spitalgasse vom Steinweg trennt. Im Jahr 1353 fiel die Stadt durch Erbschaft an das sächsisch-thüringische Haus Wettin und ab 1485 übernahm der Ernestinische Zweig der Familie die Herrschaft. 1524 wurde unter seiner Führung die Reformation eingeführt. 1530 verbrachte der in Reichsacht gefallene Martin Luther ein halbes Jahr auf der Veste Coburg und predigte in der Stadtkirche. Ab dem 16. Jahrhundert wurde Coburg Residenzstadt. Die Herrscherfamilie von Sachsen-Coburg und Gotha war dank ihrer geschickten Heiratspolitik mit zahlreichen europäischen Herrscherhäusern verwandt oder verschwägert. Am bekanntesten ist die Liebesheirat von Prinz Albert mit der englischen Königin Victoria. Sie weilte oft in der Heimat ihres verstorbenen Gatten, zu dessen Andenken sie der Stadt das Prinz-Albert-Denkmal auf dem Marktplatz schenkte.

Der Stadtpatron als Bratwurstmännle

Der Marktplatz von Coburg wird nicht zu Unrecht als einer der schönsten in ganz

Deutschland gelobt. An zwei Seiten wird er von imposanten Repräsentationsgebäuden begrenzt, an den beiden anderen von bürgerlichen Stadthäusern. Im Norden beeindruckt das Stadthaus, das um 1600 im Stil der Spätrenaissance als herrschaftliches Kanzleigebäude errichtet wurde. Es begeistert mit seinem reichen Figurenschmuck auf den Gauben und den Giebeln und vor allem mit seinen reich verzierten, für Coburg so typischen Erkern. Als Bestätigung des herrschaftlichen Anspruches entstand in der nahen Herrengasse wenige Jahre später das imposante Zeughaus.

Gegenüber dem Stadthaus besticht das große Rathaus mit seiner bunten, filigranen Rokokofassade. Im Jahr 1438 kaufte die Stadt an der Südseite des Marktplatzes einige Grundstücke und ließ im Stil der Gotik ein Rat- und Kaufhaus erbauen. 100 Jahre später war das Gebäude zu klein und zu wenig repräsentativ geworden und man erwarb die restlichen Grundstücke auf der Südseite des Marktplatzes, um zusätzlich ein imposantes Renaissancerathaus zu errichten. An der Ecke zur Ketschengasse entstand dabei 1575 der markante Erker, der als Vorbild für vier weitere sogenannte Coburger Erker diente. Im Sockel des Rathauserkers hat sich unter der Figur des schwarzen Stadtpatrons St. Mauritius der Erbauer des Erkers selbst verewigt. Auf der Giebelspitze über dem Eingangsportal des Rathauses ist der heilige Mauritius, auf dessen Abbild man überall in der Stadt trifft, ein weiteres Mal in Form einer Kupferstatue dargestellt. In der Hand hält der römische Legionär aus Afrika, der als Märtyrer für den christlichen Glauben starb, einen Marschallsstab. Die Coburger haben die Figur aber zum Bratwurstmännle umgedeutet und sehen im Stab die offizielle Vorgabe für die Länge einer Coburger Bratwurst. 31 Zentimeter soll sie zumindest im rohen Zustand lang sein und über getrockneten Kiefernzapfen gebraten werden. Ob diese Vorgaben eingehalten werden, kann man gleich auf dem Marktplatz überprüfen, über den die Rauchschwaden und der verlockende Duft eines Bratwurststandes ziehen.

Die Ost- und die Westseiten des Marktplatzes werden von gediegenen Bürgerhäusern begrenzt. Besonders interessant ist der mittelalterliche Apothekenbau an der Ecke Steingasse, in dessen von einer Marienfigur bewachten Sandsteinfassade man noch alte Inschriften erkennen kann.

Kirchen und Gassen

Nachdem man sich an der Pracht des Marktplatzes sattgesehen hat, kann man die Nebengassen erkunden. In der südöstlichen Ecke des Platzes beginnt die Ketschengasse. Nach wenigen Metern sollte man der Hausnummer 7, dem Münzmeisterhaus, Beachtung schenken. Die Wurzeln des eindrucksvollsten Fachwerkhauses der Stadt reichen bis ins 14. Jahrhundert zurück. Neben diesem kann man durch einen Torbogen in die Neugasse schlüpfen. Gleich links steht die Steinerne Kemenate, das älteste Bürgerhaus der Stadt. Wenige Schritte weiter erreicht man den Kirchplatz mit der Stadtkirche St. Moritz, deren ungleiche Türme die Stadt überragen. Erbaut wurde sie im 15. Jahrhundert in gotischem Stil und sie war über Jahrhunderte das religiöse Zentrum des evangelischen Herzogtums Sachsen-Coburg. Während seines Aufenthaltes in der Coburger Veste im Jahr 1530 predigte Luther mehrmals in dem Gotteshaus, das auch Grablege der Herzöge ist. Auffälligstes Kunstwerk in der Kirche ist das 13 Meter

← Coburg ist berühmt für seine aufwendigen Erker.

hohe, mit aufwendigem Figurenschmuck versehene Renaissancegrabmal, das Herzog Johann Casimir 1598 für seine Eltern errichten ließ. Nach der Kirchenbesichtigung erkunden wir die engen Gassen zwischen Marktplatz und Schloss. Malerische Winkel, alte Gebäude und zahlreiche Kneipen und Gasthöfe verleihen diesem ältesten Stadtbereich ein ganz besonderes Flair.

Schöner wohnen und Frankens Krone

Früher oder später wird man beim Bummel durch die Altstadt von Coburg auf das Schloss und den Schlossplatz stoßen. Im 16. Jahrhundert wurde die Veste den Herzögen von Coburg als Wohnort zu unbequem. Da kam es ganz gelegen, dass im Zuge der Reformation die Franziskaner ihr am Rand der Altstadt gelegenes Kloster aufgeben mussten. Herzog Johann Ernst von Sachsen-Coburg ergriff die Gelegenheit beim Schopfe und ließ zwischen 1543 und 1547 nach seinen Vorstellungen anstelle des Klosters das Stadtschloss erbauen. Den Namen Ehrenburg erhielt es angeblich von Kaiser Karl V., der damit seine Bewunderung dafür zum Ausdruck bringen wollte, dass das Schloss ohne die damals übliche Fronarbeit nur von bezahlten Handwerkern errichtet wurde. Über die Jahrhunderte begann nun eine rege Bautätigkeit. Nahezu jeder Herzog wollte das Schloss verschönern, ausbauen und dem jeweils aktuellen Baustil anpassen. Zu einer größeren Veränderung führte ein Brand im Jahre 1690, nach dem das Renaissanceschloss mit den beiden Barockflügeln erweitert wurde, die heute am Schlossplatz den Ehrenhof einfassen. Im 19. Jahrhundert erhielt Schloss Ehrenburg durch ein weiteres Lifting sein heutiges Aussehen. Der berühmte preußische Architekt Karl Friedrich Schinkel fertigte die Entwürfe für die Fassadengestaltung im englisch beeinflussten neugotischen Stil und die Innenräume wurden im Empirestil neu gestaltet. Als Pendant zum Schloss wurde jenseits des Schlossplatzes das heutige Landestheater erbaut.

Durch den ebenfalls neu gestalteten Hofgarten, der mit einer prunkvollen Treppenanlage zwischen Schloss und Theater ansetzt, kann man zur Veste Coburg hinaufwandern. Vom Park, der im Stil eines englischen Landschaftsgartens angelegt wurde, öffnen sich immer wieder beeindruckende Aus- und Durchblicke zur mächtigen Festung, die dank ihres turmbewehrten Mauerrings auch die Krone Frankens genannt wird. 170 Höhenmeter gilt es hinauf zur im Kern mittelalterlichen Burg zu überwinden, die zu den bedeutendsten Burganlagen in Deutschland zählt. Die Veste Coburg entstand im 13. Jahrhundert und wurde im 15. Jahrhundert mit drei Festungsringen umgeben. 1530 fand der mit einer Reichsacht belegte Martin Luther für ein halbes Jahr auf der Veste Coburg Schutz. Weitere Ausbauten folgten ab 1531, als sie zur Landesfestung erhoben wurde. Im Dreißigjährigen Krieg konnte die Burg nur durch eine List besetzt werden und Ende des 17. Jahrhunderts wurde die Anlage ein letztes Mal verstärkt. Heute kann man in der gewaltigen Festungsanlage neben dem Zimmer, in dem Luther untergebracht war, umfangreiche Sammlungen, etwa mit kostbaren Gläsern und historischen Waffen, bestaunen. Herausragend ist die Kunstsammlung mit altdeutschen Meistern, die unter anderem Werke der bedeutendsten spätgotischen Maler und Bildhauer zeigt.

Lage/Einwohnerzahl Die Hochschulstadt Coburg liegt nahe der Grenze zu Thüringen und hat 40 800 Einwohner.

Highlights Die Altstadt mit zahlreichen imposanten Gebäuden rund um den wundervollen Marktplatz, das Stadtschloss Ehrenburg und hoch über der Stadt die Veste Coburg

Tipp In der Herrengasse lockt wenige Meter vom Marktplatz entfernt das stilvolle Gasthaus Goldenes Kreuz mit fränkischer Küche.

Informationen coburgmarketing.de

↑ Die Veste Coburg, die Krone Frankens
← Der herrliche Stadtplatz mit dem Rokokorathaus

11 Kronach

Die Lucas-Cranach-Stadt

Am Zusammenfluss der Frankenwaldflüsse Haßlach, Kronach und Rodach liegt die oberfränkische Kreisstadt Kronach. Diese Topografie bestimmt auch die Dreiteilung der Stadt in die an den Flüssen gelegene Unterstadt, die auf einem Bergsporn zwischen den Flüssen gelegene und befestigte Oberstadt und die auf dem Rosenberg gelegene Burganlage. Der bekannteste Bürger von Kronach hat sich nach seiner Heimatstadt benannt – Lucas Cranach der Ältere. 1472 erblickte der bedeutende Renaissancekünstler und Vertraute von Martin Luther in dem Fachwerkgebäude an der Ecke Melchior-Otto-Platz und Lucas-Cranach-Straße, in dem heute das Gasthaus Zum Scharfen Eck untergebracht ist, das Licht der Welt.

Starke Mauern, tapfere Frauen

Vor über 1000 Jahren, im Jahre 1003, wurde Kronach zum ersten Mal auf einer Urkunde erwähnt. 100 Jahre später gelangte das Bistum Bamberg durch eine Schenkung in den Besitz der Stadt. Bis ins Jahr 1803, als die kirchlichen Besitzungen an Bayern fielen, bestimmte das Hochstift Bamberg die Geschicke der Stadt. Als nördlichster Vorposten gegen das protestantische Sachsen kam

Kronach und seiner Burg besondere Bedeutung zu. Anfang des 14. Jahrhunderts wurde Kronach zum ersten Mal als Stadt bezeichnet, die mit einer Mauer umgeben ist. Die wichtige Fernhandelsstraße von Nürnberg nach Leipzig, die durch das Stadtgebiet lief, brachte ebenso Wohlstand wie die Holzflößerei auf den Frankenwaldflüssen. Dass die auf einem Bergsporn unterhalb der Burg gelegene Oberstadt bestens zu verteidigen ist, beweisen die vielen Belagerungen, die nie von Erfolg gekrönt waren. Besonders gefährlich war die Lage in den 30er-Jahren des 17. Jahrhunderts, als schwedische Truppen mehrfach die Stadt angriffen. An diese schweren Tage erinnert bis heute die Schwedenprozession, die am Sonntag nach Fronleichnam von der Stadtkirche aus durch die Altstadt zur Burg hinaufführt und seit dem Jahre 1633 mit nur kurzen Unterbrechungen jedes Jahr durchgeführt wird. Zur Erinnerung an ihre bei der Belagerung gezeigte außerordentliche Tapferkeit führen die Kronacher Frauen die Prozession an.

Von der Unterstadt in die Oberstadt

Den Rundgang durch Kronach beginnen wir am Bahnhof und gehen zum nahen Ufer der Haßlach, dem wir flussaufwärts folgen. Bald können wir den schönsten Blick auf Kronach genießen. Über einer Flussschwelle, die zwischen den historischen Gebäuden der Unterstadt rauscht, bauen sich die Häuser und Türme der Oberstadt und die mächtigen Wehranlagen der Rosenburg wie eine Theaterkulisse auf. Wenige Schritte weiter erreichen wir beim malerischen Fachwerk des ehemaligen Gasthofs Zum Hirschen aus dem 18. Jahrhundert eine Straßenkreuzung. Geradeaus führt ein Abstecher zur barocken Klosterkirche des nahen Oblatenklosters. Wir überqueren aber die Haßlach und erreichen nach der Brücke an einer barocken Nepomukstatue den Fuß der mächtigen Verteidigungsmauern, die die Oberstadt beschützen. Geradewegs führt ein schmaler Durchgang am sogenannten Pförtchen in die Oberstadt hinauf. Wir wen-

↑ In der Renaissancefestung Rosenberg
← Von der Haßlach zieht die Altstadt zur Festung hinauf.

↑ Vieles erinnert an den berühmtesten Sohn der Stadt.

den uns allerdings nach rechts und folgen der Schwedenstraße, die uns zum malerischen Bamberger Tor führt, dem einzig erhaltenen der ehemals drei Stadttore. Steil führt die schmale Straße durch das mittelalterliche Tor und an alten Fachwerkhäusern vorbei zum schönsten Platz der Stadt hinauf, dem Melchior-Otto-Platz mit dem Johannesbrunnen und der Ehrensäule. Die hauptsächlich zwischen dem 15. und 18. Jahrhundert erbauten Wohn- und Geschäftshäuser bieten mit ihrem bunten Durcheinander von Stein- und Fachwerkfassaden ein bezauberndes Bild. Wendet man sich nach rechts, geht der Blick an zwei neugotischen Verwaltungsbauten aus dem 19. Jahrhundert vorbei zur beeindruckenden gotischen Stadtpfarrkirche, die um das Jahr 1400 erbaut wurde. Besonders eindrucksvoll ist das gotische Johannesportal auf der Nordseite des Gotteshauses mit der wertvollen Johannisfigur.

Aufwärts zum Martinsplatz

Zwei Straßen führen vom Melchior-Otto-Platz durch die Altstadt aufwärts und an beiden befinden sich besonders sehenswerte Gebäude. Die Lucas-Cranach-Straße beginnt am spätmittelalterlichen Fachwerkbau, in dem Lucas Cranach zur Welt kam. Vorbei an Bürgerhäusern führt sie hinauf zum Rathausplatz. Rechts beeindruckt das im 16. Jahrhundert erbaute Alte Rathaus. Der Festsaal in der ehemaligen Markthalle wird heute für Veranstaltungen genutzt. Rechts vom Neuen Rathaus kann man einen kurzen Abstecher zur mächtigen Stadtmauer mit dem im 15. Jahrhundert erbauten Hexenturm machen. Links sind es nur wenige Schritte zum Martinsplatz, der vom Stadtturm überragt wird. Besonders interessant ist das im Kern im 13. und 14. Jahrhundert erbaute Feuerwehrhaus, die sogenannte Steinerne Kemenate. Ehe wir abschließend

↑ An der Haßlachbrücke in der Unterstadt
← Blick zum Geburtshaus von Lucas Cranach

zur Festung Rosenberg hinaufsteigen, statten wir der Amtsgerichtsstraße noch einen kurzen Besuch ab. Neben zahlreichen Bürgerhäusern liegen, wie der Name schon sagt, einige historische Verwaltungsgebäude an dieser Straße. Nach wenigen Schritten ist ein kleiner, von herrlichen Fachwerkhäusern eingerahmter Platz erreicht. Vor allem das Gebäude sticht ins Auge, in dem heute der Brauereigasthof s'Antla residiert. Das Sandsteinuntergeschoss ist mittelalterlich und die Fachwerkobergeschosse wurden im 17. Jahrhundert erbaut.

Nie erobert – die Festung Rosenberg

Ein steiler Weg führt von der Stadt hinauf zur Festung Rosenberg, die trotz zahlreicher Angriffe nie erobert werden konnte. Sie ist eines der eindrucksvollsten Beispiele für die Entwicklung des Festungsbaus. Die im 15. und 16. Jahrhundert immer weiter verstärkten Mauern einer mittelalterlichen Burg wurden im 18. Jahrhundert mit mächtigen Bastionen verstärkt. Ein imposantes Barocktor, über dem das Wappen des Bamberger Fürstbischofs prangt, führt in das Innere der Anlage.

In der Renaissancekernburg kann man unter anderem in der Fränkischen Galerie Meisterwerke der heimischen Kunst bewundern. Die Burg bietet in den Sommermonaten eine wundervolle Kulisse für die Freiluft-Theateraufführungen der Rosenberg Festspiele und von der Festungsgaststätte Bastion Marie hat man einen wundervollen Blick hinab auf die Altstadt.

Lage/Einwohnerzahl Die Kreisstadt Kronach liegt am Fuß des Frankenwaldes und hat 16 700 Einwohner.

Highlights Der Stadtblick vom Haßlachufer und die malerische Oberstadt, die sich von der Stadtkirche zum Martinsplatz berganzieht; die Festung Rosenberg mit Fränkischer Galerie

Tipp Einen wundervollen Stadtblick hat man vom Biergarten Bastion Marie auf der Festung Rosenberg.

Informationen kronach.de/tourismus-kultur

12 Kulmbach

Heimat des Bieres

Zwei-Main-Stadt und Welthauptstadt des Bieres – das sind die beiden werbeträchtigen Beinamen von Kulmbach. Eigentlich liegt Kulmbach jedoch nur am Weißen Main, der sich erst westlich der Stadt mit dem Roten Main zum Main vereinigt. Den selbst ernannten Titel Welthauptstadt des Bieres trägt Kulmbach dagegen mit größerer Berechtigung. Denn weltweit wird in keiner anderen Stadt pro Kopf mehr Bier gebraut als hier. Und die Tradition des Bierbrauens scheint besonders weit zurückzureichen. Archäologische Grabungen haben ergeben, dass hier schon vor 2500 Jahren von den Kelten Bier hergestellt wurde. Im Mittelalter besaß jeder Stadtbürger das Recht, sein eigenes Bier zu sieden. Die lange Brautradition der Stadt spiegelt sich in der Kulmbacher Bierwoche, wenn die ganze Stadt im Zeichen des Gerstensaftes feiert. Als Bierliebhaber sollte man sich auf keinen Fall einen Besuch der Kulmbacher Mönchshofbrauerei entgehen lassen. Dort kann man nicht nur bestens einkehren, sondern auch im Bayerischen Brauerei- und Bäckereimuseum sowie im Deutschen Gewürzmuseum viel Wissenswertes erfahren.

Im Land der Hohenzollern

Die Stadt Kulmbach liegt an einer wichtigen alten Nord-Süd-Handelsstraße und wird von der Plassenburg beherrscht, die neben der Veste Coburg und der Veste Rosenberg

↑ Das gemütliche Kommunbrauhaus am Weißen Main
← Die mächtige Plassenburg überragt die Altstadt.

↑ Blick von der Oberen Stadt zum Roten Turm

in Kronach der dritte herausragende Festungsbau im nördlichen Oberfranken ist. Im Jahre 1135 wurde die Plassenburg zum ersten Mal urkundlich erwähnt und 100 Jahre später erhielt Kulmbach die Stadtrechte. Der Kern der Siedlung ist eine Kirchenburg, an deren Stelle sich heute die Petrikirche befindet. Schon im 13. Jahrhundert entstand die in größeren Teilen bis heute erhaltene Stadtbefestigung, die ab dem 14. Jahrhundert um die neuen, Richtung Weißer Main entstandenen Vorstädte erweitert wurde. Im Jahre 1340 gelangten die Burggrafen von Nürnberg in den Besitz von Stadt und Burg. Bis 1810, als Kulmbach zu Bayern kam, bestimmten die Hohenzollern die Geschicke der Stadt. Ab 1397 war Kulmbach die Residenzstadt der Markgrafen von Brandenburg-Kulmbach und verlor diesen Titel, als die Hofhaltung 1603 nach Bayreuth verlegt wurde. Im Zweiten Markgrafen-Krieg erlitten die Stadt und die Burg 1553 schwere Verwüstungen. Dies nahmen die Burggrafen zum Anlass, ab 1559 die niedergebrannte Burg zum Renaissanceschloss mit mächtigen Verteidigungsanlagen auszubauen.

Spaziergang durch die Geschichte

Eine Erkundungsrunde durch die Stadt beginnt man am besten auf dem Marktplatz mit dem klassizistischen Luitpoldbrunnen, dessen Lokale zum Verweilen einladen. Auf dem von historischen Gebäuden eingefassten Platz findet man ein Denkmal für den Renaissancemaler Hans von Kulmbach, einem Freund und Kollegen von Albrecht Dürer. Der eindeutige Blickfang ist jedoch das etwas zurückversetzte Rathaus, das mit seiner aufwendig gestalteten Rokokofassade bezaubert. Rechts vom Rathaus leitet uns die Oberhacken genannte Gasse in das alte

Handwerkerviertel, in dem noch malerische Fachwerkhäuser erhalten sind. Nach rechts kann man auf der schmalen Bauergasse einen Abstecher hinauf zum im 14. Jahrhundert erbauten Heiligschwertturm machen, der mächtigsten Bastion der alten Stadtmauer. Eine Treppe führt an der Wehranlage vorbei zur neugotischen katholischen Stadtpfarrkirche, von der aus man den eindeutig besten Blick auf Kulmbach und die Plassenburg hat. Hat man die Aussicht genug genossen, steigt man wieder hinab zum Oberhacken. Nach rechts sind es nur wenige Schritte zum mittelalterlichen Badhaus, das bis ins 19. Jahrhundert als öffentliche Badeanstalt genutzt wurde. Oberhalb am Hang liegt das sogenannte Schlösslein, ein im 16. Jahrhundert erbautes Burggut. Wir folgen nun dem Oberen Stadtgässchen hinauf zum breiten Straßenzug der Oberen Stadt. Im barocken Eckhaus, dem sogenannten Prinzessinnenhaus, lebte die Markgräfin Christine Sophie Wilhelmine, nachdem sie nach einer außerehelichen Schwangerschaft vom Bayreuther Hof nach Kulmbach verbannt wurde. Oberhalb der Straße steht auf erhöhtem Podest die spätgotische Petri-Kirche, die einst als Kirchenburg die Keimzelle der Stadt war. An der barocken Freitreppe steht auf halber Höhe das Renaissancegebäude der Markgräflichen Kanzlei und jenseits der Straße musste sich der bekannte Entertainer Thomas Gottschalk während seiner Schulzeit im Gymnasium durch den Unterricht quälen.

Von der Kirche wenden wir uns wieder der Oberen Stadt zu und schlendern zwischen den alten Bürgerhäusern hinab ins Stadtzentrum. Dort biegen wir rechts in die Spitalgasse, die im 18. Jahrhundert erbaut wurde und als Vorbild für den sogenannten Markgrafenstil diente, in dem zahlreiche weitere Gotteshäuser in Oberfranken erbaut wurden. 100 Meter weiter biegen wir am Weißen Turm, der zusammen mit dem Bürgerloch genannten Wehrturm einen der mittelalterlichen Zugänge in die Stadt bildete, in das schmale Rentamtgässchen. Es führt uns

↑ Der prächtige barocke Langheimer Amtshof
← Das bezaubernde Rokokorathaus am Marktplatz

steil hinauf zum beeindruckenden Langheimer Amtshof, den sich das Kloster Langheim vom bekannten Barockarchitekten Johann Leonhard Dientzenhofer als städtisches Verwaltungsgebäude erbauen ließ. Neben dem Amtshof gelangt man schließlich über schmale Gässchen und steile Treppen hinauf zum Roten Turm. Er wurde im 13. Jahrhundert am höchsten Punkt der Stadtmauer erbaut. Im Fachwerkobergeschoss befand sich einst die Wohnung des Stadtwächters.

Das Wahrzeichen Kulmbachs

Wer nicht mit dem Pendelbus von der Stadt zur Plassenburg hinauffahren will, der kann vom Roten Turm auf steilem Weg in kurzer Zeit zur Festung hochwandern. Das Wahrzeichen von Kulmbach gehört mit seinen mächtigen Bastionen und der beeindruckenden Kernburg, die nach den Zerstörungen im Jahre 1553 im Stil der Renaissance erbaut wurde, zu den bedeutendsten Festungsanlagen in Bayern. Vor allem der sogenannte »Schöne Hof« mit seinen Renaissancearkaden begeistert jeden Besucher. Zahlreiche Museen wie das Landschaftsmuseum Obermain, das Armeemuseum und das Deutsche Zinnfigurenmuseum sind in den Räumlichkeiten der Burg untergebracht.

Lage/Einwohnerzahl Die am Weißen Main gelegene Große Kreisstadt Kulmbach hat 25 700 Einwohner.

Highlights Der Marktplatz mit dem Rathaus und die Altstadtgassen rechts und links der Oberen Stadt; der mächtige Renaissancebau der Plassenburg mit verschiedenen Museen

Tipp Ein Besuch im Mönchshof-Bräuhaus in Kombination mit den Museen im Mönchshof

Informationen kulmbach.de, plassenburg.de, kulmbacher-moenchshof.de

13 Rund um Pottenstein

Romantik in der Fränkischen Schweiz

Seit langer Zeit begeistert die Fränkische Schweiz Naturliebhaber und Romantiker. Tief eingeschnittene Täler und steil aufragende Jurafelsen, geheimnisvolle Tropfsteinhöhlen und malerische Burgen, die sich an uneinnehmbare Steilfelsen klammern – zweifelsohne zählt die Fränkische Schweiz zu den stimmungsvollsten und abwechslungsreichsten Urlaubsregionen in Deutschland. Und inmitten dieser bezaubernden Region liegen mit dem Städtchen Pottenstein, dem von einer mächtigen Wallfahrtskirche überragten Gößweinstein und dem malerischen Dörfchen Tüchersfeld gleich drei Ziele ganz nahe beisammen, die schon ein jedes für sich einen Besuch wert sind.

Fachwerk und Freizeit in Pottenstein

An der Mündung mehrerer Seitentäler in das Tal der Püttlach liegt in der tief eingeschnittenen, von steilen Jurafelsen überragten Talfurche das malerische Städtchen Pottenstein. Im 11. Jahrhundert gründete Graf Botho von Kärnten, der letzte Nachfahre der einflussreichen Familie der Aribonen, die Burg und den Ort. Sein Vorname, der auch Potho geschrieben wurde, gab der Burg und dem Ort den Namen – Pothos Stein. Nach dem Tod Bothos, der keinen männlichen Erben hinterlassen hatte, ging Pottenstein im Jahr 1104 an das Bistum Bamberg über. 700 Jahre lang gehörten Ort und Burg zum Hochstift

Bamberg, bis sie 1803 an Bayern fielen. Pottenstein erhielt 1323 die Stadtrechte und wurde mit einer Stadtmauer umgeben, die teilweise erhalten geblieben ist. Diese lief durch den steilen Hang zur Burg hinauf und bezeugt die enge Beziehung von Stadt und Burg. Der beengten Lage geschuldet, konnte sich das Städtchen nie groß ausdehnen und so ist bis heute die Hauptstraße, die von Ost nach West durch das historische Zentrum läuft, das Rückgrat von Pottenstein. Gesäumt wird der Straßenzug von zahlreichen alten Bürgerhäusern. Zentrum ist der kleine, von Fachwerkhäusern eingefasste Marktplatz mit dem Elisabeth-Brunnen. Vorbei an der gotisch-barocken Pfarrkirche geht von hier der Blick hinauf zur beherrschenden Burg. Am Marktplatz zweigt als einzige Nebenstraße die Fischergasse ab. Sie führt zur Stadtmauer, der man entlang des nördlichen Püttlacharmes auf schmalem Weglein folgen kann. Wer Pottenstein in ganz besonderem Licht erleben will, der sollte das Städtchen am 6. Januar, dem Dreikönigstag, besuchen. Zum sogenannten »Beschluss der Ewigen Anbetung« zieht eine Prozession mit zahlreichen Kerzen durch die geschmückten Gassen und auf den Hängen und Felskuppen ringsum werden ca. 1000 Feuer entzündet, die das Tal in magischem Licht erstrahlen lassen.

Wer das Städtchen Pottenstein besucht, der sollte unbedingt einen kurzen Abstecher ins nahe Tal des Weiherbaches unternehmen. Mit biologisch gereinigtem Badewasser und gemütlichem Biergarten ist hier das unter Denkmalschutz stehende Jugendstil-Felsenbad, das malerisch am Fuß einer steilen Jurafelswand liegt, eine ausgezeichnete Adresse für erholsame Stunden. Wer es spannend mag, der sollte die Teufelshöhle besuchen. Der 1,5 Kilometer lange Besucherweg verzaubert mit riesigen Hallen und wundervollen Tropfsteingebilden.

↑ Jurafelsen überragen das Dörfchen Tüchersfeld.
← Blick von der Burg auf Gößweinstein

↑ Steil geht es hinauf zur Burg Gößweinstein.

Burg mit Stadtblick

Ein steiler Weg führt von der Altstadt hinauf zur um 1060 erbauten Burg Pottenstein. Allseits fallen die Felswände steil ab und nur auf einem an die Felswand geklebten Treppenweg gelangt man von der Vorburg in die Hauptburg. Sie zählt zu den ältesten Burgen in der Fränkischen Schweiz und vom Burggelände hat man einen atemberaubenden Blick auf Pottenstein. Von den ursprünglichen Gebäuden sind nur noch Teile erhalten geblieben, die besichtigt werden können. Im Jahre 1227 soll die Heilige Elisabeth, die Landgräfin von Thüringen, auf Burg Pottenstein Zuflucht gefunden haben. An diese Begebenheit erinnert auch der Brunnen unten am Marktplatz.

Bildikone der Fränkischen Schweiz

Das wohl bekannteste Bild der Fränkischen Schweiz, das man in jedem einschlägigen Buch und in nahezu jedem Prospekt findet, bietet das kleine Dörfchen Tüchersfeld. Der im Tal der Püttlach westlich der Stadt gelegene Ortsteil von Pottenstein liegt am Fuß eines alten Umlaufberges, auf dem einst zwei Burgen standen. Malerisch schmiegen sich die Fachwerkhäuser des sogenannten Judenhofes zwischen die steil aufragenden Jurafelsen, die wie das unregelmäßige Gebiss eines Riesen wirken. Erbaut wurde der Hof im 17. und 18. Jahrhundert auf den Resten der Unteren Burg. Heute kann man dort im Fränkischen-Schweiz-Museum erleben, wie vor über 150 Millionen Jahren im Jurameer die Felsen der Fränkischen Schweiz entstanden. Wer von oben einen Blick auf Tüchersfeld erleben will, der findet am nördlichen Ortsrand den Beginn eines steilen Weges, der auf die Felskanzel über dem Dorf führt, auf der einst die Obere Burg stand.

Wallfahrt und Burg

Von Tüchersfeld ist es nicht mehr weit hinauf in den Markt- und Wallfahrtsort Gößweinstein. Zentrum des Ortes und Ziel der

↑ Der gemütliche Marktplatz von Pottenstein
← Balthasar Neumann erbaute die Basilika in Gößweinstein.

meisten Besucher ist die herrliche Basilika zur Heiligsten Dreifaltigkeit, die zu den bedeutendsten Werken des berühmten Barockbaumeisters Balthasar Neumann zählt. Das herrliche, 1739 vollendete Gotteshaus beherrscht mit seiner Prunkfassade und den beiden majestätischen Türmen unangefochten das Ortsbild von Gößweinstein und bildet das religiöse Zentrum der Fränkischen Schweiz. Im prunkvollen Innenraum der Kirche findet man das Gnadenbild, das Ziel der Wallfahrt, im Hochaltar. Die spätgotische Figurengruppe zeigt die Krönung Marias durch die heilige Dreifaltigkeit. Besonders schön ist der Blick auf Gößweinstein von den umliegenden Hügeln. Ein Rundweg führt hinter der Basilika über Kreuzwegstationen zum Aussichtspunkt auf der Ludwigshöhe und an markanten Felsen vorbei im Bogen zurück in den Ort. Ein zweiter lohnenswerter Weg läuft durch den Ort hoch zur Burg Gößweinstein. Von der ursprünglich im 11. Jahrhundert auf steilem Fels erbauten Burg, die besichtigt werden kann, hat man ebenfalls einen herrlichen Ausblick. Ihr heutiges romantisches Aussehen erhielt sie Ende des 19. Jahrhunderts, als sie im neugotischen Stil umgebaut wurde.

Lage/Einwohnerzahl Südlich von Bayreuth liegt inmitten der Fränkischen Schweiz das 5200-Einwohner-Städtchen Pottenstein.

Highlights In Pottenstein die Altstadt, Burg Pottenstein und die Teufelshöhle; in Tüchersfeld das Fränkische-Schweiz-Museum; in Gößweinstein die barocke Basilika und die Burg

Tipp Ein Besuch im Jugendstil-Felsenbad von Pottenstein

Informationen pottenstein.de, ferienzentrum-goessweinstein.de, fraenkische-schweiz.com

14 Forchheim

Die Wiege Deutschlands

Auf einer Hochterrasse über dem Regnitztal liegt die uralte Stadt Forchheim. Durch die Altstadt fließt die munter plätschernde Wiesent, die in der nahen Fränkischen Schweiz entspringt. Ihr klares Wasser prägte über Jahrhunderte das Stadttreiben. Die zwei Forellen im Stadtwappen weisen auf den Fischreichtum des Flusses hin. Und das klare Wasser war auch der Grundstoff für das Braugewerbe, das über die Jahrhunderte das Bild der Stadt beeinflusste.

Der größte Biergarten der Welt

Von den einstmals gut ein Dutzend Braustätten existieren in Forchheim noch vier Brauereien und im nahen Kellerwald befinden sich noch zahlreiche Bierkeller, in denen der Gerstensaft kühl gelagert wird. Wer nicht gleich in der Altstadt in einem der Brauereigasthöfe einkehren will, der findet im Kellerwald vor allem im Sommer eine wunderbare Alternative. Gut 20 Bierkeller verwöhnen in ihren schattigen Biergärten die Gäste mit heimischem Bier und fränkischer Brotzeit. Selbstbewusst bezeichnen die Forchheimer ihren Kellerwald als größten Biergarten der Welt. Vor den Brauerei-Gasthöfen in der Altstadt und am Kellerwald findet man die im Boden eingelassenen Sterne des Forchheimer Walk of Beer mit einem QR-Code, über den genauere Informationen abgerufen werden können. Ende Juli findet seit 1840 im Kellerwald das Annafest statt, das als eines der schönsten Volksfeste in Franken gilt.

Krönungs- und Festungsstadt

Forchheim ist eine der ältesten und geschichtsträchtigsten Städte Frankens. Schon im Jahr 805 wurde der Ort auf einer Urkunde als Handelsplatz erwähnt und zu dieser Zeit bestand wohl schon eine fränkische Königspfalz. Durch die verkehrsgünstige Lage im Regnitztal, durch das wichtige Nord-Süd-Verbindungen verliefen, entwickelte sich die Stadt zu einem lebhaften Handelsplatz. Im Jahr 900 wurde in Forchheim Ludwig IV., der in der Geschichtsschreibung den Beinamen »das Kind« bekam, im Alter von sechs Jahren zum fränkischen König gekrönt. Nach dem frühen Tod dieses letzten Karolinger-Herrschers im Jahr 911 wurde ebenfalls in Forchheim Konrad I. zum ostfränkischen König gewählt – die Geburtsstunde der eigenständigen deutschen Geschichte. Im 11. Jahrhundert übernahm das Bistum Bamberg die Herrschaft über Forchheim und dies sollte so bleiben, bis die Stadt 1803 bayerisch wurde. Anfang des 13. Jahrhunderts erhielt Forchheim die Stadtrechte und 100 Jahre später zeigte ein Siegel zum ersten Mal das Stadtwappen mit den beiden Forellen. Im 14. Jahrhundert ließen die Bamberger Bischöfe jene Stadtburg als Nebenresidenz ausbauen, die heute fälschlicherweise Kaiserpfalz genannt wird. Die wirkliche frühmittelalterliche Königspfalz lag wohl eher an der Stelle, an der heute das Rathaus steht. Nach der kurzzeitigen Eroberung Forchheims im Zweiten Pfalzgrafenkrieg im Jahre 1552 ließ das Hochstift Bamberg die Stadt zur Festung ausbauen, und so konnte Forchheim im Dreißigjährigen Krieg mehrere Belagerungen schadlos überstehen.

↑ Das Schiefe Haus am Ufer der Wiesent
← Fischkästen in Klein Venedig am Ufer der Wiesent

↑ Die Kaiserpfalz beherbergt interessante Museen.

↑ Die Stadtkirche überragt die Altstadthäuser.
→ Altes Fachwerk – je schiefer, desto malerischer

Der schönste Adventskalender der Welt

Herzkammer der Altstadt von Forchheim ist der wundervolle Platz, der ehemalige Grüne Markt, vor dem Forchheimer Rathaus. Das historische Rathaus gehört zusammen mit den benachbarten Gebäuden unbestritten zu den schönsten Fachwerk-Ensembles in ganz Bayern. Das Rathaus wurde 1402 erbaut und bildet zusammen mit dem anschließenden Magistratsbau aus dem 16. Jahrhundert eine wundervolle Einheit. Meister Ruland verdanken wir die deftigen Schnitzfiguren am Magistratsbau, unter anderem ein Selbstportrait des Meisters mit Zollstock und ein Männchen, das dem Betrachter seinen nackten Hintern entgegenstreckt. Zur Weihnachtszeit verwandeln sich die dem Platz zugewandten Fenster zu den Türchen eines wundervollen Adventskalenders, die nach und nach geöffnet werden. An das Rathaus schließen sich rechts noch weitere malerische Häuser mit aufwendigem Fachwerk an. Überragt werden die Hausschönheiten vom Turm der Martinskirche. Sie ging aus einer Kapelle des fränkischen Königshofes hervor und wurde im 14. Jahrhundert zu einer beeindruckenden gotischen Basilika ausgebaut.

Klein Venedig und Kaiserpfalz

Vom Rathaus erkunden wir auf zwei kurzen Runden die versteckten Winkel – oder auf gut fränkisch Eckla – der Altstadt von Forchheim. Wir schlendern auf der verkehrsfreien Hauptstraße zwischen alten Bürgerhäusern zum Paradeplatz. Auf halbem Weg passieren wir die im Jahr 2002 aufgestellte Bronzeplastik Porta Vorchheimensis, auf deren Türflügeln 12 Bilder die Stadtgeschichte von Forchheim erzählen. Am Paradeplatz halten wir uns links, gehen an der alten Wache vorbei und halten uns wieder links, um über den Marktplatz in die Hornschuhallee zu gelangen. Am Forellenbrunnen bilden das Gasthaus und die krummen Fachwerkhäuser eines der malerischsten Eckla von Forchheim und wenige Meter weiter führt uns rechts die Hundsbrücke über die Wiesent. Klein Venedig wird der Stadtteil entlang der Wiesent genannt mit den bezaubernden Häusern, die sich ganz eng an das Flüsschen drängen. In den alten Fischkästen werden die gefangenen Fische bis zum Verkauf frisch gehalten und wenn wir uns links halten, haben wir schnell die 1698 erbaute Kammersmühle erreicht. Man möchte das wundervolle, auch als Schiefes Haus bekannte Fachwerkhaus stützen, das sich bedenklich weit über die Wiesent neigt. Ein Stück weiter flussabwärts endet Klein Venedig an der Spitalkirche. In der Kirche wird eine wertvolle Holzskulptur aus dem Jahre 1330 aufbewahrt und der Fachwerkbau des 1611 angefügten Spitals, der weit über die Wiesent auskragt, lässt das Herz eines jeden Fotografen höher schlagen. Von hier führt die Hauptstraße nach links zum nahen Rathaus zurück.

Ein kurzer Spaziergang bringt uns an wundervollen Fachwerkhäusern vorbei zur nahen sogenannten Kaiserpfalz. Die Bischöfe von Bamberg ließen sie im 14. Jahrhundert als Stadtburg und Zweitresidenz erbauen. Heute beherbergt sie das Pfalzmuseum mit Sammlungen zur Stadtgeschichte sowie ein interessantes Archäologiemuseum und bildet ein malerisches Ambiente für vielerlei Veranstaltungen. Nördlich der Kaiserpfalz ist der Saltorturm der letzte erhaltene Turm der mittelalterlichen Stadtbefestigung und im anschließenden Stadtpark sind gut erhaltene Abschnitte der starken Renaissancebastion zu sehen.

Lage/Einwohnerzahl Forchheim liegt nördlich von Nürnberg im Regnitztal und hat 32 400 Einwohner.

Highlights Die Altstadt mit dem herrlichen Fachwerkensemble am Rathaus und der Stadtkirche; Klein Venedig mit dem Schiefen Haus und der Spitalkirche; die Kaiserpfalz mit den Pfalzmuseen

Tipp Wunderschön sitzt man im Restaurant Akropolis neben dem Schiefen Haus an oder über dem Flüsschen Wiesent.

Informationen forchheim-erleben.de

15 Lauf

Wenzelschloss und Pegnitzmühlen

Östlich von Nürnberg liegt im Tal der Pegnitz das Städtchen Lauf. Seinen Namen verdankt es dem Fluss, der hier über Stufen mit starkem Gefälle, sogenannte Laufen, zu Tale rauscht. Die starke Strömung begründete einst auch einen Teil des Wohlstandes, denn die Kraft des Wassers trieb in Lauf zahlreiche Mühlen und Hammerwerke an. Die zweite große Einkommensquelle war die überaus günstige Lage der Stadt an der Goldenen Straße, der wichtigen mittelalterlichen Verbindung zwischen der Reichsstadt Nürnberg und der Kaiserstadt Prag.

Vom Dorf zur Stadt

Die Keimzelle von Lauf war ein Dorf, das am rechten Ufer der Pegnitz lag und dessen unregelmäßiger Grundriss sich bis heute im Gassengewirr zwischen Johanniskirche und Pegnitzbrücke abbildet. Deutlich hebt sich davon die großzügig geplante Stadtanlage aus dem 13. Jahrhundert ab. Der weite Marktplatz mit dem Rathaus im Zentrum folgt dem Muster, das für die Stadtgründungen der damals über Lauf herrschenden Wittelsbacher typisch ist. Ihre mittelalterliche Blütezeit erlebte die Stadt unter dem böhmischen Kaiser Karl IV., der Lauf 1355 die Stadtrechte verlieh. In dieser Zeit entstand die Stadtmauer. Auf der nahen Pegnitzinsel ließ der Kaiser jene Wasserburg erbauen, die heute unter dem Namen Wenzelschloss bekannt ist. 1504 fiel Lauf an Nürnberg, zu dem es für die folgenden 300 Jahre gehörte. Die enge Beziehung zur nahen Reichsstadt kann man bis heute am Stadtwappen von Lauf ablesen, das im Zentrum das Stadtwappen von Nürnberg zeigt.

Lage/Einwohnerzahl Lauf liegt östlich von Nürnberg und zählt 26400 Einwohner.

Highlights Die Altstadt rund um den weiten Marktplatz mit den beiden Stadttoren und der Johanniskirche; die Kaiserburg auf der Pegnitzinsel; das Industriemuseum am Pegnitzufer

Tipp Übernachten in einem der beiden historischen Gasthöfe am Marktplatz, dem Weißen Lamm oder dem Wilden Mann, in dem schon Jan Hus nächtigte

Informationen lauf.de, altstadtfreunde-lauf.de

Stadt unter der Stadt

Einen Spaziergang durch die Altstadt von Lauf beginnt man am besten am Alten Rathaus, das den weiten Marktplatz beherrscht. An seinen beiden Enden wird der Marktplatz von den beiden mittelalterlichen Toren begrenzt, dem Nürnberger und dem Hersbrucker Tor, durch die einst der Verkehr auf der Goldenen Straße lief. Was man nicht erahnen kann, sind die zahlreichen, meist miteinander verbundenen Felsenkeller, die tief unter den um den Marktplatz liegenden Bürgerhäusern in den Sandstein geschlagen wurden. Diese verborgene Welt kann man nur im Rahmen von Führungen erleben. Im Osten wird der Marktplatz vom schlanken Turm der Johanniskirche überragt mit der Türmerstube, von der man einen atemberaubenden Blick auf die Stadt hat. Die Kirche wurde im 14. Jahrhundert erbaut und erhielt um 1700 ihr heutiges Aussehen.

↑ Das Rathaus steht im Zentrum des Marktplatzes.
← Die Kaiserburg wurde auf einer Pegnitzinsel erbaut.

Kaiserburg und Pegnitzmühle

Vom Stadtplatz führt die schmale Burggasse hinab zur Spitalgasse. Links kann man am Fachwerkbau des Glockengießerspitals vorbei einen Abstecher zur malerischen Ruine der Spitalkirche machen. Geradeaus geht es über einen Steg auf die Pegnitzinsel mit dem sogenannten Wenzelschloss. Die Mitte des 14. Jahrhunderts erbaute gotische Kaiserburg mit dem berühmten Wappensaal ist die Hauptsehenswürdigkeit in Lauf. Ausgesprochen schön ist der Blick von der nahen Pegnitzbrücke auf die Stadt mit dem 1430 als Teil der Stadtbefestigung erbauten Judenturm und der malerischen Schleifmühle Reichelt, einer der zahlreichen Mühlen am Ufer der Pegnitz.

16 Bad Windsheim

Reichsstadt mit Therme

Auf einem Hügel über der Aisch, die die Talmulde zwischen Frankenhöhe und Steigerwald durchfließt, liegt die alte Stadt Bad Windsheim. Erstmals findet man den Namen der Stadt auf einer Urkunde aus dem 8. Jahrhundert erwähnt. Dieser erste Siedlungskern lag noch außerhalb der heutigen Altstadt. Wohl erst im 12. Jahrhundert entstand auf dem Stadthügel jener Marktort, dem in der Folge ein rasanter Aufstieg beschieden war. Im 13. Jahrhundert erhielt Windsheim die Stadtrechte und wurde schon Ende des Jahrhunderts freie Reichsstadt, die nur dem Kaiser unterstellt war. Diesen herausgehobenen Status konnten in ganz Franken nur fünf weitere Städte erlangen – Nürnberg, Schweinfurt, Rothenburg, Dinkelsbühl und Weißenburg.

Goldene Zeiten

Im Mittelalter erlebte Windsheim seine Blütezeit. Wie wohlhabend die Stadt war, zeigt sich im Jahr 1347, als sie von dem von Geldnöten geplagten Kaiser Karl IV. an Nürnberg verpfändet wurde. 1360 konnte sich Windsheim durch die Zahlung einer immensen Summe wieder freikaufen. Wie schnell in jener Zeit die Stadt wuchs, lässt sich auch am Stadtgrundriss ablesen. Ein erster, Ende des 13. Jahrhunderts erbauter enger Mauerring musste mehrmals erweitert werden, was sich bis heute an mehreren konzentrisch um den Stadthügel verlaufenden Straßenzügen zeigt. Der letzte, um 1400 erbaute Mauerring muss mit seinen drei burgartigen Stadttoren und den 20 Wehrtürmen ein großartiges Bild vermittelt haben. Leider wurde die Stadtbefestigung Ende des 19. Jahrhunderts vollkommen geschleift und heute erinnert nur noch der Ring der Wallstraßen an die letzte mittelalterliche Ausbauphase der Verteidigungsanlagen.

In den folgenden Jahrhunderten verlor die Stadt, geschwächt durch Kriege, innere Konflikte und die wachsende Bedrängung durch benachbarte Herrschaftsgebiete, an Bedeutung. Im 18. Jahrhundert war man aber trotzdem noch in der Lage, den Bau der Stadtpfarrkirche und des monumentalen Barockrathauses zu finanzieren. Anfang des 20. Jahrhunderts wurde bei Bohrungen die stärkste Solequelle Europas entdeckt. Seither wurden weitere Thermalquellen und Trinkbrunnen mit Heilwasser erschlossen und seit 1961 kann sich Windsheim mit dem offiziellen Prädikat Bad schmücken. Wer nach einem Stadtrundgang oder nach dem Besuch des Freilandmuseums ein wenig Erholung braucht, der kann sich in der modernen Franken-Therme unter anderem im Thermalsole-Becken bei sanfter Musik und stimmungsvollem Licht auf dem stark salzhaltigen Wasser treiben lassen.

Rund um das Barockrathaus

Einen Rundgang durch die Altstadt von Bad Windsheim mit ihren zahlreichen historischen Gebäuden beginnt man am besten am Marktplatz, der auf der höchsten Stelle des Stadthügels liegt. Der Platz wird beherrscht vom prächtigen Barockrathaus, das in der ersten Hälfte des 18. Jahrhunderts erbaut wurde. Mit der pilasterverzierten Prunkfassade erinnert es eher an ein Schloss als an ein Rathaus. Der Zwerchgiebel mit der prächtigen Uhr wird von Justitia und den Reichsadlern bekrönt. Der Durchgang im Rathaus führt zu einem malerischen Platz, der von den wundervollen Fachwerkbauten einge-

↑ Altes Handwerk im Fränkischen Freilandmuseum
← Der schöne Brunnen und das Rokokohaus auf dem Weinmarkt

rahmt wird. Das Stadtschreiberhaus, die Alte Lateinschule und das Rektorhaus wurden jeweils im 16. Jahrhundert erbaut, und vor allem das Stadtschreiberhaus begeistert mit seinem reichen Fachwerk. Den nördlichen Abschluss des Platzes bildet die imposante Stadtkirche St. Kilian. Die Vorgängerkirche wurde beim großen Stadtbrand 1730 vollkommen zerstört und im barocken Pfalzgrafenstil erneuert. Zurück auf dem Marktplatz kann man durch die Archäologischen Fenster einen Blick in die frühe Stadtgeschichte werfen. Zu sehen sind frühmittelalterliche Gräber und mittelalterliche Kellergewölbe.

Gassen und Plätze

Lässt man sich einfach durch die Gassen von Windsheim treiben, kann man so manch malerischen Winkel entdecken. Wir wollen etwas gezielter vorgehen und schlendern rechts am Hotel Reichsstadt vorbei zum nahen Schüsselmarkt, dessen Name wie der der meisten anderen Stadtplätze auf die frühere Funktion hinweist. Rechts steht das malerische Gebäude des ehemaligen Augustinerklosters, das seit 1623 als Stadtbibliothek genutzt wird.

Zurück am Marktplatz geht es jenseits auf der Kegetstraße hinab zum bezaubernden Weinmarkt mit dem sogenannten Schönen Brunnen. Er wurde im 16. Jahrhundert erbaut und 1727 mit der Statue von Kaiser Karl IV. bekrönt. Zusammen mit den Fachwerkhäusern und dem 1743 erbauten Rokokohaus mit seiner aufwendig gestalteten Stuckfassade bildet der Brunnen das beliebteste Fotomotiv von Bad Windsheim. Rechts am Platz steht das 1296 erbaute Gasthaus Zum Storchen, das als ältestes Fachwerk-Bürgerhaus Bayerns gilt. Wir wenden uns am Weinmarkt aber nach links und erreichen nach kurzer Strecke die Seekapelle, in der eine Kopie des Zwölfbotenaltars zu bewundern ist, der von Tilman

↑ Die prächtige Fassade des barocken Rathauses
← In der Altstadt kann man malerische Plätze entdecken.

↑ Das Stadtschreiberhaus aus dem 16. Jahrhundert

Riemenschneider für die Kilianskirche geschaffen wurde und dessen Original heute im Kurpfälzischen Museum Heidelberg steht.

Museen, Museen, Museen

Von der Kirche führt die Seegasse weiter zum Reichsstadtmuseum im Ochsenhof, einem wundervollen Fachwerkbau, das umfassend über die Reichsstadtgeschichte von Windsheim informiert. Biegt man an der Seekirche rechts in die Roßmühlgasse, ist die Baugruppe Stadt des Fränkischen Freilandmuseums schnell erreicht. Hier kann man rund um den Alten Bauhof – einem der beeindruckendsten Beispiele spätmittelalterlicher Zimmermannskunst – alte Wohngebäude bestaunen. Ausgerüstet mit einem Prospekt des Fränkischen Freilandmuseums geht es nun weiter zur nahen gotischen Spitalkirche, in der ein Museum zum kirchlichen Bauwesen untergebracht ist. Wenig später überqueren wir den Bauhofwall, der die Linie der alten Stadtbefestigung nachzeichnet, zum Gelände des Fränkischen Freilandmuseums. Dort kann man dank der über 100 originalgetreu wiederaufgebauten Gebäude eine Reise weit zurück in die fränkische Geschichte unternehmen.

Lage/Einwohnerzahl Im oberen Aischtal liegt die Kurstadt Bad Windsheim, die 12 200 Einwohner hat.

Highlights Die Altstadt rund um das Barockrathaus und die Stadtkirche mit zahlreichen historischen Gebäuden und dem schönen Brunnen am Weinmarkt; der historische Bauhof und das Fränkische Freilandmuseum

Tipp Am malerischen Weinmarkt residiert in einem uralten Fachwerkgebäude das Hotel Zum Storchen.

Informationen bad-windsheim.de

17 Ansbach

Barocke Residenzstadt mit dunklem Geheimnis

Die Geschichte von Ansbach begann mit einem Benediktinerkloster, das im Jahr 748 vom fränkischen Adligen Gumbert gegründet wurde. Wenig ist über die folgende Entwicklung bekannt, als wohl nach und nach um das Kloster ein Ort wuchs. 1189 musste Ansbach schon eine gewisse Bedeutung erlangt haben, wie der Aufenthalt von Kaiser Friedrich I. Barbarossa zeigt. 1195 wurde der Klostergründer Gumbertus heilig gesprochen und im 13. Jahrhundert erhielt Ansbach die Stadtrechte. 1331 erwarben die Burggrafen von Nürnberg die Stadt, die bis Ende des 18. Jahrhunderts im Besitz der Hohenzollern verblieb. 1415 wurde Ansbach schließlich Residenzstadt der Markgrafen Brandenburg-Ansbach.

Geheimnisvoll die Umstände seines Todes

»Hier ruht Kaspar Hauser, ein Rätsel seiner Zeit, unbekannt die Geburt, geheimnisvoll die Umstände seines Todes« – so lautet die Inschrift auf dem Grabstein von Kaspar Hauser auf dem Ansbacher Stadtfriedhof. Nach seinem Auftauchen in Nürnberg lebte Kaspar Hauser ab 1831 unter dem Schutz des Gerichtspräsidenten Anselm von Feuerbach in Ansbach und hier gewann die geheimnisvolle Kriminalgeschichte um den jungen Mann an Fahrt. Als er verwahrlost und kaum des Sprechens mächtig aufgefunden wurde, wurde ihm anfänglich wenig Beachtung geschenkt. Doch bald weckte seine

Erzählung von einer einsamen Haft in ganz Europa Interesse und Mitgefühl und der Fall Kaspar Hauser wurde zu einem international beachteten Kriminalfall. Die Gerüchteküche kochte und man sah in dem »Kind von Europa« den Nachkommen des Hauses Baden oder eines der anderen führenden Adelshäuser, das von der Erbfolge ferngehalten werden sollte. Bewiesen ist das alles natürlich nicht. Aber noch geheimnisvoller macht den Fall das Messerattentat im Ansbacher Hofgarten, dem Kaspar Hauser 1833 zum Opfer fiel. Heute erinnern ein Gedenkstein am Anschlagsort und das Kaspar-Hauser-Denkmal in der Platenstraße an diesen Fall. Im Markgrafenmuseum ist eine ganze Abteilung Kaspar Hauser gewidmet und alle zwei Jahre finden in Ansbach Kaspar-Hauser-Festspiele statt.

Barocke Prachtentfaltung

Ab dem Ende des 16. Jahrhunderts bauten die Hohenzollerngrafen ihre Residenzstadt zu einem barocken Juwel aus. Zentrum der Barockstadt ist die Markgräfliche Residenz, die auf den Mauern einer mittelalterlichen Wasserburg entstand. Die gotische Halle im Untergeschoss, in der heute eine Sammlung der Ansbacher Porzellan- und Fayence-Manufaktur zu sehen ist, erinnert noch an den Vorgängerbau. Eine Führung durch die Residenz mit ihren original erhaltenen Prunkräumen im Stil des Ansbacher Rokoko sollte man sich nicht entgehen lassen. Das Spiegelkabinett mit einer Sammlung von Meißner Porzellan, der mit 2800 Fliesen aus der Ansbacher Fayence-Manufaktur geschmückte Kachelsaal oder der prächtige Festsaal lassen

↑ Im prunkvollen Spiegelkabinett der Residenz
← Die Gumbertuskirche überragt die Altstadt.

↑ Schmucke Bürgerhäuser prägen das Bild der Altstadt.

die prunksüchtige Zeit Mitte des 18. Jahrhunderts wieder aufleben. Eine barocke Residenz benötigt natürlich auch eine passende Gartenanlage, in der es sich feiern und flanieren lässt. Diese Aufgabe erfüllt der schon im 16. Jahrhundert angelegte Hofgarten, der Anfang des 18. Jahrhunderts zu einem Barockgarten im französischen Stil umgestaltet wurde. Zentrum ist der elegante Bau der Orangerie, der Vorbildern aus Paris und Versailles nachempfunden wurde. In der Orangerie konnten exotische Pflanzen gehalten werden und sie eignete sich als elegantes Ambiente für rauschende Gartenfeste. Wer die Zeit des Rokoko hautnah erleben will, der wird von den Ansbacher Rokokofestspielen begeistert sein. Es werden Konzerte und Führungen angeboten. Höhepunkt ist aber immer die Rokokonacht im Hofgarten mit Theater, Musik und Akrobatik im Licht barocken Feuerzaubers. Zahlreiche Mitglieder des Ansbacher Heimatvereins schlendern in historischen Barockkostümen durch die Gartenanlagen und versetzen die Betrachter zurück ins 18. Jahrhundert. Wem die Musik der Barockzeit am Herzen liegt, der sollte sich die alle zwei Jahre stattfindende Bachwoche nicht entgehen lassen. Dann kann man in den Barocksälen der Stadt – im Prunksaal der Residenz, in der Orangerie oder in der Johannis- und der Gumbertuskirche – vor allem den Klängen des Barockmeisters und seiner Zeitgenossen lauschen.

Adel und Bürger

Schlendert man durch die Prachtstraßen und die Gassen von Ansbach, fällt der Unterschied zwischen den herrschaftlich-barocken Prachtbauten und den bürgerlichen Bauten auf, die schlichter und oftmals in Fachwerk ausgeführt sind. Dieses Nebeneinander macht den besonderen Reiz der Ansbacher Altstadt aus. Eine Erkundungstour beginnt man am besten neben der Residenz und folgt dem Straßenzug des Johann-Sebastian-Bach-Platzes in die Stadtmitte. Zu Beginn dominieren die herrschaftlichen Gebäude mit ihren Barock- und Rokokofassa-

↑ Vieles erinnert an den unglücklichen Kaspar Hauser.
← Im Hofgarten lässt es sich wundervoll flanieren.

den. Die Gumbertuskirche, die mit ihren drei Türmen das Stadtbild prägt, steht an der Stelle der Kirche des im Jahr 748 gegründeten Klosters und war seit dem Mittelalter die Hofkirche der Markgrafen. Unter der Rokokokirche ist die romanische Krypta eines Vorgängerbaues erhalten und in der Schwanenritterkapelle kann man ein Bild aus der Schule Albrecht Dürers bewundern. Nördlich schließt an die Kirche der Renaissanceprachtbau der Hofkanzlei an.

Der Martin-Luther-Platz beginnt am gotischen Stadthaus mit dem Markgraf-Georg-Brunnen und dem gegenüberliegenden Rathaus. Vorbei an der modernen Bachsäule schlendern wir durch die Fußgängerzone zur gotischen Johanniskirche, hinter der am Kaspar-Hauser-Platz das Markgrafenmuseum mit der Kaspar-Hauser-Abteilung liegt. Von hier aus erkunden wir die malerischen Gassen der Bürgerstadt mit ihren zahlreichen Fachwerkhäusern. Blütenstraße, Rosenstraße, Platenstraße und Utzstraße laufen vom Martin-Luther-Platz nach Süden auf das barocke Herrieder Tor zu, das Wahrzeichen Ansbachs.

Kurz vor dem Tor kann man einen Abstecher in die Rosenbadstraße unternehmen. Dort versteckt sich die von außen ganz unscheinbare barocke Synagoge, die aber nur im Rahmen von Führungen besichtigt werden kann.

Lage/Einwohnerzahl Ansbach ist der Regierungssitz von Mittelfranken und hat 41700 Einwohner.

Highlights Die Altstadt mit imposanten Kirchen, historischen Gebäuden, einer barocken Synagoge und dem Markgrafenmuseum; das riesige Markgräfliche Schloss mit Hofgarten und Orangerie

Tipp Während eines Stadtbummels lässt es sich im schattigen Eiscafé Doge am gotischen Stadthaus bestens relaxen.

Informationen ansbach.de

18 Dinkelsbühl

Die schönste Altstadt Deutschlands

Laut dem Nachrichtenmagazin Focus besitzt Dinkelsbühl die schönste Altstadt Deutschlands. Mag es auch Konkurrenten geben, die diesen Titel ebenso verdient hätten, so ist es doch unbestritten, dass Dinkelsbühl in der obersten Liga der historischen Stadtschönheiten mitspielt. Nur ganz wenige Altstädte können mit solchen Qualitäten aufwarten wie Dinkelsbühl. Die historische Stadtmauer mit Türmen und Toren ist perfekt erhalten, die historischen Straßenzüge werden durch keinerlei Bausünden entstellt und die große Geschichte der Reichsstadt lässt sich an zahlreichen eindrucksvollen Bauwerken ablesen. Es macht einfach Spaß, die malerischen Plätze, kleinen Gassen und versteckten Winkel der traumhaft schönen Altstadt zu entdecken oder in einem der zahlreichen Gasthöfe oder Cafés das mittelalterliche Flair zu genießen.

Reichsstadt und Kinderzeche

Die Geschichte von Dinkelsbühl begann im 8. Jahrhundert mit einem fränkischen Königshof an einer Furt an der Regnitz. Hier kreuzten zwei wichtige Reichsstraßen – die fränkische Handels- und Pilgerstraße Richtung Italien mit der Nibelungenstraße, die den Rhein mit der Donau verband – und machten den Ort zum schnell wachsenden Handelsplatz. Ende des 12. Jahrhunderts verlieh Kaiser Friedrich I. Barbarossa Dinkelsbühl die Stadtrechte und eine erste

🡑 Die Stadtmauer spiegelt sich im Rothenburger Weiher.
🡐 Das Münster blickt auf das Alte Rathaus.

Stadtmauer entstand, die bis ins 15. Jahrhundert mehrmals erweitert werden musste. Durch Handel und Handwerk erlebte Dinkelsbühl im Hoch- und Spätmittelalter seine Blütezeit und erlangte Ende des 13. Jahrhunderts den Status einer freien Reichsstadt. Sie unterstand nur dem Kaiser und die Ratsherren konnten weitgehend selbstbestimmt über das Schicksal der Stadt bestimmen. Der schleichende Abstieg der Stadt begann im 16. Jahrhundert mit den Glaubenswirren, die Reformation und Gegenreformation verursachten. Gespalten im Inneren und bedroht von außen beendete schließlich der Dreißigjährige Krieg die Erfolgsgeschichte von Dinkelsbühl. Mehrmals wechselte die Besatzung zwischen evangelisch-schwedischen und katholisch-kaiserlichen Truppen. Die Besatzungskosten und enormen Kontributionszahlungen trieben Dinkelsbühl in den wirtschaftlichen Ruin.

An die Zeit des Dreißigjährigen Krieges erinnert die sogenannte Kinderzeche, das wichtigste Stadtfest in Dinkelsbühl. Eine Woche lang steht die ganze Stadt mit einem Umzug in historischen Gewändern, einem Festspiel und dem Schwedenlager im Zeichen der Geschichte. Zurück geht das Fest auf die historisch nicht belegte Geschichte des Kindermädchens Lore, die zusammen mit den Kindern von Dinkelsbühl das Herz der schwedischen Eroberer erweichte und so die Zerstörung der Stadt verhinderte. Obwohl unzerstört, verfiel Dinkelsbühl in den folgenden Jahrhunderten in einen Dornröschenschlaf, aus dem es erst Ende des 19. Jahrhunderts von Künstlern aus München und Berlin wachgeküsst wurde. Der wirtschaftliche Ruin hatte nahezu keine Veränderungen der Stadt zugelassen, und so bot sie das romantische Bild einer unverfälschten mittelalterlichen Stadt, das bis heute gepflegt wird und das jeden Besucher begeistert.

Rund um den Marktplatz

Eigentlich sind nahezu jedes Gebäude und alle Gassen und Plätze eine Sehenswürdigkeit für sich. Leider können wir nur die Wichtigsten erwähnen und beginnen unsere Erkundungstour am Marktplatz. Zuerst werfen wir einen Blick in das imposante Münster St. Georg, eines der schönsten spätgotischen Gotteshäuser in weitem Umkreis. Das wundervolle Kirchenschiff begeistert mit den hoch aufragenden Säulenbündeln und mehreren sehenswerten spätgotischen Altären. Rechts an der Kirche vorbei gelangen wir durch das schmale Kirchgäßlein zum malerisch vom Wörnitztor überragten Altrathausplatz. Auf dem Platz am Löwenbrunnen findet alljährlich während der Kinderzeche die Stadtübergabe statt und im Alten Rathaus ist das interessante »Haus der Geschichte« untergebracht. Zurück am Marktplatz begeistert uns der Blick auf die herrlichen, um 1600 erbauten Giebelhäuser gegenüber der Kirche. Die Reihe beginnt mit der ehemaligen Ratstrinkstube und führt über das Gasthaus zur Glocke und das Deutsche Haus mit dem herrlichen Renaissancefachwerk zur Schranne.

Spaziergang durch das Mittelalter

Vom Marktplatz folgen wir der Dr.-Martin-Luther-Straße, die uns an der sehenswerten Spitalanlage mit Kirche und Fachwerkgebäuden zum mächtigen Rothenburger Tor bringt. Außerhalb der Stadtmauer bildet der Rothenburger Weiher zusammen mit dem Faulturm und dem Parkwächterhäuschen ein malerisches Bild. Wir wenden uns aber vor dem Tor nach links in die Obere Schmiedgasse, die uns zum Zeughaus der Kinderzeche leitet. In dem prächtigen Fachwerkbau ist der Fundus der Kinderzeche untergebracht. Wir biegen hier links in die Bauhofstraße und dann rechts in die Kop-

↑ Das Segringer Tor im Westen der Altstadt
← Der Marktplatz ist das lebhafte Herz der Altstadt.

↑ Das Nördlinger Tor und die Stadtmühle

pengasse, die uns vorbei am beeindruckenden Fachwerkhaus, in dem die Jugendherberge untergebracht ist, zum Segringer Tor am höchsten Punkt der Altstadt führt. Am Barocktor, das nach dem Dreißigjährigen Krieg wiederaufgebaut wurde, kann man in den Stadtgraben hinabsteigen und ein Stück der in diesem Abschnitt mit zahlreichen Türmen befestigten Mauer folgen. Wir folgen aber der Segringer Straße vorbei am barocken Neuen Rathaus abwärts Richtung Stadtzentrum und genießen den wundervollen Blick über die stolzen mittelalterlichen Bürgerhäuser zum Münster St. Georg.

Mühle der 3. Dimension

Zurück am Marktplatz wenden wir uns für eine letzte Schleife nach rechts und folgen der Nördlinger Straße zum Nördlinger Tor. Neben dem im 14. Jahrhundert errichteten Stadttor mit seinem Renaissanceobergeschoss setzt sich die Stadtmühle mächtig in Szene. Im imposanten Bau wurde nicht nur Getreide gemahlen, sondern mit seinen Wehrgängen war sie als südliche Bastion in die Stadtverteidigung integriert. Heute befindet sich in dem Gebäude das Museum 3. Dimension. Hinter dem Gebäude biegen wir links in den Park auf der Wörnitzinsel. Vorbei am Bäuerlinsturm, dem Wahrzeichen Dinkelsbühls mit dem malerischen Fachwerkobergeschoss, am Henkersturm und am Dreigangsturm spazieren wir zum Wörnitztor und zurück zum Marktplatz.

Lage/Einwohnerzahl Die 11900-Einwohner-Stadt Dinkelsbühl liegt südwestlich von Ansbach.

Highlights Die gesamte Altstadt mit den Stadttoren, der turmreichen Stadtmauer, dem geschlossenen Bestand historischer Gebäude und der imposanten Stadtpfarrkirche

Tipp Neben weiteren empfehlenswerten Hotels in historischen Gemäuern gefällt ganz besonders das Hotel Deutsches Haus in einem herrlichen Fachwerkgebäude.

Informationen tourismus-dinkelsbuehl.de

19 Wolframs-Eschenbach und Merkendorf

Kleinstädte im Fränkischen Seenland

In den sanften Hügeln nördlich des Altmühlsees liegen zwei bezaubernde Kleinstädte, deren unterschiedliche Geschichte deutlich das jeweilige Stadtbild prägt. Während das stolze Wolframs-Eschenbach den Machtanspruch des Deutschen Ordens widerspiegelt, ist das bescheidene Merkendorf fast dörflich geblieben. Beiden Städten gemeinsam ist, dass sie mit einem bestens erhaltenen mittelalterlichen Mauerring eingefasst sind.

Die Heimat der Parzivalsage

Die Wurzeln von Wolframs-Eschenbach reichen wohl bis ins 8. Jahrhundert zurück und spätestens im 10. Jahrhundert ist eine erste Kirche nachgewiesen. Um das Jahr 1200 verwalteten die Herren von Eschenbach für die Grafen von Wertheim den Ort und der hier geborene und bestattete Ritter und Minnesänger Wolfram von Eschenbach betrat die Bühne der Geschichte. Zwischen

1200 und 1217 entstanden zahlreiche Werke des einflussreichsten Dichters seiner Zeit. Für den berühmten Parzival bot wohl sein Lehensherr, der lebensfrohe Graf Poppo von Wertheim, das Vorbild. Eben dieser Graf war es auch, der durch eine Schenkung die Stadtgeschichte von Obereschenbach, wie die Stadt damals noch hieß, für die kommenden 600 Jahre bestimmte. Er übertrug das Kirchenpatronat an den Deutschen Orden, der Ende des 12. Jahrhunderts auf dem dritten Kreuzzug gegründet und 1198 als christlicher Ritterorden vom Papst bestätigt worden war. Bis zum Jahr 1796 herrschte der Deutsche Orden über den Ort, der zu seinen wichtigsten Besitzungen in Franken gehörte. Ab Mitte des 13. Jahrhunderts wurde das Münster als erste gotische Hallenkirche in Franken erbaut und 1332 verlieh Kaiser Ludwig der Bayer die Stadtrechte. Eschenbach wurde die erste Stadt im Heiligen Römischen Reich, über die der Deutsche Orden uneingeschränkt herrschen konnte. Wie wichtig die Stadt dem Orden war, lässt sich an der mächtigen Stadtmauer ablesen, mit der er seinen Besitz schützte, und an den prächtigen Verwaltungsbauten im Stadtzentrum. 1917 wurde die Stadt Obereschenbach zu Ehren ihres berühmtesten Sohnes vom Bayerischen König Ludwig III. in Wolframs-Eschenbach umbenannt.

Gut geschützt

Im 14. und 15. Jahrhundert entstand die mächtige Stadtbefestigung von Wolframs-Eschenbach, die die Stadt von außen wie eine Festung wirken lässt. Zwei eindrucksvolle Toranlagen mit Türmen und Vorwerken bewachen als einzige Zugänge die Hauptverkehrsachse, die durch das Städtchen führt. Ein tiefer Graben, der einstmals

↑ An der malerischen Stadtmauer von Merkendorf
← Durch die Hauptstraße geht der Blick zum Liebfrauenmünster.

↑ Vor dem Wolfram-von-Eschenbach-Museum

mit Wasser gefüllt war, umgibt die hohe Stadtmauer, die im Westen und Süden mit einem zweiten Mauerring verstärkt ist. Zum wehrhaften Eindruck tragen auch die zahlreichen Türme und Bastionen bei, die diese verstärken. Unbedingt empfehlenswert ist der Rundgang um die ca. 1,5 Kilometer lange Stadtmauer, die immer wieder schöne Ansichten bietet.

Schöne Städte, köstliche Häuser

Ein selbsternanntes Ziel des Deutschen Ordens war es, schöne Städte und köstliche Häuser zu errichten, und das sieht man Wolframs-Eschenbach durchaus an. Vor allem im Stadtzentrum begeistert die geballte Schönheit der Gebäude. Ein eindrucksvolles Statement weltlicher Macht gibt das prächtige Renaissancegebäude des 1623 erbauten Deutschordensschlosses ab. Mit seinen malerischen Erkern und dem Prunkwappen auf der Fassade schiebt es sich in den Marktplatz vor, der heute Wolfram-von-Eschenbach-Platz heißt und auf dem der 1861 von König Max II. gestiftete Brunnen mit der Statue von Wolfram von Eschenbach plätschert. Heute residiert im Deutschordensschloss die Stadtverwaltung und daneben ist im Alten Rathaus das Wolfram-von-Eschenbach-Museum untergebracht, das auf unterhaltsame Art das Werk und die Zeit des großen Dichters beleuchtet. Vorbei am Alten Rathaus sind es nur noch wenige Schritte zum Liebfrauenmünster, dessen 63 Meter hoher Turm mit buntglänzenden Kacheln eine weithin sichtbare Landmarke setzt. Das Untergeschoss des Turms ist noch von der Romanik geprägt, die Obergeschosse und das zwischen 1260 und 1310 erbaute Kirchenschiff schon vom neuen gotischen Stil. Die wertvollsten Kunstwerke im Inneren sind die spätgotische Pietà im Hochaltar und der Anfang des 16. Jahrhunderts entstandene Rosenkranzaltar.

Die Hauptstraße windet sich als Prachtstraße Wolframs-Eschenbachs vom Stadtzentrum zum Oberen Tor. Sie beginnt am herrschaftlichen Renaissanceprachtbau der Alten Vogtei, der mit feinem Fachwerk und dem herrlichen Portal beeindruckt. Vorbei an der Fürstenherberge mit aufwendiger

Putzfassade folgen malerische Bürgerhäuser aus der Zeit vom 15. bis ins 17. Jahrhundert. Auffällig sind die vielen Madonnen- und Heiligenfiguren an den Fassaden, die Wolframs-Eschenbach als katholische Exklave im protestantischen Umland ausweisen.

Ausflug in die Krautstadt

Die Stadtmauer und die Häuser – alles scheint in Merkendorf eine Nummer kleiner ausgefallen zu sein als im stolzen Wolframs-Eschenbach. Aber gerade das macht den Reiz der Landstadt aus. Sie entwickelte sich aus einem 1249 erstmals urkundlich erwähnten Dorf, das im Jahr 1398 die Stadtrechte erhielt. In der Folgezeit entstand die Stadtmauer mit den zahlreichen Rundtürmen, die mit ihren spitzen Dächern und den teils noch erhaltenen Wassergräben ein pittoreskes Bild abgeben. Drei Stadttore führen in die Stadt, von der aus die Besitzungen des Klosters Heilsbronn im Altmühltal verwaltet wurden. Eine Tafel erinnert am spätgotischen Rathaus an den größten Tag der kleinen Stadt, als 1506 Kaiser Maximilian I. zu Gast war. Seit dem 18. Jahrhundert sorgt der Anbau von Weißkraut für bescheidenen Wohlstand und heute wirbt Merkendorf mit dem Slogan Historische Krautstadt. Es gibt eine Krautkönigin, an der Stadtmauer einen Krautgarten und einen Krautbrunnen. Im hübschen Städtchen wird alljährlich im September die Krautwoche gefeiert.

Lage/Einwohnerzahl Das südlich von Ansbach gelegene Städtchen Wolframs-Eschenbach zählt 3100 Einwohner.

Highlights Die Altstadt von Wolframs-Eschenbach mit Stadtmauer, Liebfrauenmünster, Alter Vogtei und dem Museum Wolfram von Eschenbach; Merkendorf mit malerischer Stadtmauer

Tipp Bestens essen und übernachten kann man im Hotel Alte Vogtei in Wolframs-Eschenbach.

Informationen wolframs-eschenbach.de, merkendorf.de

↑ Das Rathaus am Marktplatz von Merkendorf
← Die Alte Vogtei in Wolframs-Eschenbach

20 Spalt

Die fränkische Hopfenstadt

HopfenBierGut – so heißt das Museum im Alten Kornhaus von Spalt und dieser Name sagt schon alles aus über die Bedeutung des kleinen Landstädtchens, des Zentrums des fränkischen Hopfenanbaus. Untergebracht ist das Museum im alten Kornhaus, der einstigen Zehntscheune des Eichstätter Hochstiftes. In einem alten Bericht heißt es, dass ein »gar mächtiger Wald« abgeholzt werden musste, um den Bau des riesigen Gebäudes zu bewerkstelligen. Heute zählt das in der ersten Hälfte des 15. Jahrhunderts erbaute Kornhaus zu den schönsten und eindrucksvollsten Fachwerkgebäuden in weitem Umkreis. Besonders gelungen ist auch das darin untergebrachte Museum HopfenBierGut, das 2017 mit dem bayerischen Museumspreis ausgezeichnet wurde. Auf 1200 Quadratmetern wird die Welt des Bieres und des Hopfens auf modernste Weise präsentiert. Ins Bild passt

← Fachwerkhäuser in der schmalen Gänsgasse

Schmale Fachwerkhäuser drängen sich an die Stadtmauer (linkes und rechtes Bild).

da natürlich das beliebte Spalter Bier, das in der deutschlandweit einzigen städtischen Brauerei gebraut wird.

Vom Kloster zum Bier

Die Geschichte von Spalt begann mit dem um das Jahr 800 vom Regensburger Emmeramsstift gegründeten Zweigkloster St. Salvator, das später in St. Emmeram umbenannt wurde. Im 13. Jahrhundert wurde als zweites Kloster St. Nikolaus gestiftet und zu dieser Zeit war schon ein stattlicher Ort gewachsen. Handwerk und der Fischreichtum der Fränkischen Rezat sorgten für einen gewissen Wohlstand. Im 14. Jahrhundert wurde die Stadtmauer erbaut und Spalt erhielt die Stadtrechte. Die älteste Urkunde, auf der der Hopfenanbau erwähnt wird, stammt aus dem Jahr 1341. Spalt kann also auf eine Hopfentradition von nahezu 700 Jahren zurückblicken.

Hopfen, Bier und Kirchen

Einen Rundgang durch Spalt beginnt und beendet man am besten am mächtigen Kornhaus, das zum Abschluss mit einer stilvollen Einkehr lockt. Über den Gabrieliplatz erreichen wir die Herrengasse, die vorbei am bezaubernden Barockrathaus zur Rokokokirche St. Nikolaus führt. Vom

↑ Im Kornhaus ist das HopfenBierGut-Museum untergebracht.
← Von der Nikolauskirche geht der Blick zur Emmeramskirche.

figurengeschmückten Portal leitet uns eine schmale Gasse zur Hauptstraße, die von stolzen Bürgerhäusern flankiert wird. Wir folgen ihr links hinauf zur großteils barocken Emmeramskirche, die anstelle der ersten Klosterkirche erbaut wurde. Gegenüber folgen wir der Gasse, die auf das mittelalterliche Obere Tor zuläuft, und biegen dann rechts in die Brauereigasse ein. Vorbei an der städtischen Brauerei Spalt erreichen wir die Straße Spitzenberg. Links versteckt sich das spektakulär auf die Stadtmauer gebaute Schlenzgerhaus. Wir erkunden jetzt das malerische Viertel rund um Gänsgasse und Alte Rathausgasse und bewundern die Fachwerkhäuser, in deren steilen Giebeln früher die Gerste getrocknet wurde. Die Gassen leiten uns schließlich wieder hinab zur Hauptstraße, auf der wir links zur Fränkischen Rezat hinabschlendern. Hier biegen wir vor dem bezaubernden barocken Zollhäuschen rechts auf den Josefsplatz und nach wenigen Schritten links in die Fröschau. Die Straße bringt uns an einer Gruppe stattlicher Fachwerkhäuser vorbei zum Spalatin-Haus, einem Fachwerk-Halbhaus, das fotogen der mittelalterlichen Stadtmauer aufgesetzt wurde.

Lage/Einwohnerzahl Nördlich des Großen Brombachsees liegt im Tal der Fränkischen Rezat die 5000-Einwohner-Stadt Spalt.

Highlights Die Altstadt mit Barockrathaus, Kirchen, Stadtmauer und von historischen Gebäuden gesäumten Gassen; das Alte Kornhaus mit dem Bier- und Hopfenmuseum

Tipp Zum Abschluss eines Besuchs im HopfenBierGut-Museum im Alten Kornhaus kann man sich ein Spalter Bier schmecken lassen.

Informationen spalt.de

21 Greding

Die Stadt der 21 Türme

Nahe der A 9 liegt im Tal der Schwarzach das historische Städtchen Greding. Den Namen der Stadt kennt man von Verkehrsmeldungen und alle, die auf der Autobahn unterwegs waren, haben wohl schon mal über das Tal zum Städtchen mit den 21 Türmen hinübergeblickt. Die wenigsten aber werden den kurzen Abstecher zur sehenswerten Stadt gemacht haben, die mit so manchem historischen Highlight aufwarten kann. Die Geschichte von Greding begann wohl mit einem fränkischen Königshof, der am höchsten Punkt nahe der romanischen Basilika stand. Im Mittelalter wuchs am Fuß der Basilika unter der Herrschaft der Eichstätter Bischöfe eine Stadt, die im 14. Jahrhundert mit der bis heute weitgehend intakten Stadtmauer befestigt wurde. Greding war einerseits dank der verkehrsgünstigen Lage ein wichtiger Marktplatz, andererseits wurde es vom Hochstift Eichstätt zum regionalen Amts- und Verwaltungssitz ausgebaut.

Marktplatz, Basilika und Seelenkeller

Der weite Marktplatz war seit jeher das wirtschaftliche Zentrum von Greding. Neben mittelalterlichen Bürgerhäusern bestimmen vor allem barocke Gebäude das Bild. An der Ecke Nürnberger Straße ließ sich der Eichstätter Bischof Ende des 17. Jahrhunderts das barocke Jagdschloss mit dem markanten Ecktürmchen erbauen und etwas zurückversetzt steht seit 1741 das ehemalige Fürstbischöfliche Forsthaus mit dem Wappen des damals regierenden Bischofs. Das barocke Rathaus ersetzte das im Dreißigjährigen Krieg zerstörte mittelalterliche Rathaus, das ehemals mitten auf dem Marktplatz stand.

Vom Marktplatz gehen wir am Jagdschloss vorbei auf das Nürnberger Tor zu und biegen bald rechts ab in die schmale Amtsknechtsgasse. Sie geht in das Sträßchen am Kirchberg über, das an der mit malerischen Türmen besetzten Stadtmauer entlang steil zur romanischen Basilika hinaufführt. Unter der Michaelskapelle befindet sich ein Beinhaus aus dem 14. Jahrhundert. In diesem auch als Karner oder Seelenkeller bezeichneten Raum befinden sich die Knochen von mehreren Tausend Toten. Die im 12. Jahrhundert erbaute Basilika St. Martin begeistert mit zahlreichen Kunstwerken wie dem romanischen Fresko in der Apsis und dem spätgotischen Hochaltar.

Stadtmauerromantik

Von der Basilika steigen wir auf steilen Wegen, vorbei an der prunkvollen barocken Stadtkirche St. Jakob, hinab zum Marktplatz. Wir folgen der Kindinger Straße nach links und biegen dann links in die Malergasse. Sie führt uns zur Gripsergasse, die an der mit zahlreichen Türmchen verstärkten Stadtmauer entlangläuft. Ehe wir nach rechts zum Fürstentor schlendern, erkunden wir auf der linken Seite noch einen besonders idyllischen Abschnitt der Stadtmauer. Schließlich verlassen wir auf der Kindinger Straße die Altstadt und biegen nach dem Fürstentor rechts auf den Fußweg, der an der Außenseite der Stadtmauer entlangläuft und bezaubernde Blicke auf die Stadt eröffnet. Der Weg endet am Eichstätter Tor, durch das wir den Marktplatz erreichen.

Lage/Einwohnerzahl Nördlich des Altmühltals liegt nahe der A 9 Greding, das 7000 Einwohner hat.

Highlights Die Altstadt rund um Stadtplatz und Rathaus; die Stadtmauer mit zahlreichen erhaltenen Toren und Türmen; die herrlich gelegene romanische Basilika mit interessanten Fresken

Tipp Wer noch etwas Zeit hat, der sollte unbedingt die faszinierende Kirchenburg im nahen Kinding besuchen.

Informationen greding.de, naturpark-altmuehltal.de/orte/greding

↑ Steil zieht die Stadtmauer zur Basilika hinauf.
← Rathaus und Jagdschloss am weiten Marktplatz

↑ Greding – die Stadt der 21 Türme

22 Weißenburg

Reichsstadt mit römischen Wurzeln

Ein wenig abseits der Romantischen Straße und damit außerhalb des touristischen Radars liegt die altehrwürdige Reichsstadt Weißenburg. Das ist auch gut so, mag man ganz egoistisch denken, denn so muss man all die malerischen Winkel und all die prächtigen Bauwerke nicht mit allzu vielen anderen Besuchern teilen. Dass das Desinteresse nicht verdient ist, merkt man schnell in den Gassen und auf den Plätzen der beeindruckenden Altstadt, die noch mit einer weitgehend erhaltenen Stadtmauer eingefasst ist. Und spätestens wenn man am alten Rathaus vorbei zum Marktplatz schlendert oder wenn man am romantischen Seeweiher auf die Türme der Stadtmauer blickt, ist man ganz sicher, dass Weißenburg mehr als nur einen kurzen Besuch wert ist.

Vom Römerkastell zur Reichsstadt

Anfang des 2. Jahrhunderts nach Christus errichteten die Römer in Weißenburg ein Reiterkastell, das den Limes bewachen sollte, aber schon Mitte des 3. Jahrhunderts wieder aufgegeben werden musste. Erst ab dem 9. Jahrhundert wuchs Weißenburg aus einem fränkischen Königshof, der nahe der Stadtpfarrkirche St. Andreas lag, und aus mehreren Dorfkernen nach und nach zu einer Stadt zusammen. Im 12. Jahrhundert erhielt man die Stadtrechte, es entstand eine erste Stadtmauer und Anfang des 14. Jahrhunderts erreichte man den Status einer freien Reichsstadt. Unter den Schwingen des Adlers, also unter dem Reichswappen, genoss man nun außerordentliche Privilegien und war lediglich dem Kaiser untertan. Bis zum Jahr 1481, als die Stadt zahlungsunfähig wurde, folgte die Blütezeit von Weißenburg, und so entstanden auch die bedeutendsten Bauwerke in dieser Phase. Man hatte das Geld, um die Stadtpfarrkirche St. Andreas und das imposante Rathaus zu errichten. Ende des 14. Jahrhunderts konnte man eine großzügige Stadterweiterung inklusive neuer Befestigungsanlagen finanzieren. Bis heute ist die Altstadt auf Höhe des Spitaltores in einen älteren Nordteil und einen jüngeren Südteil getrennt. Die Stadterweiterung war in Anbetracht der wirtschaftlichen Stagnation von Weißenburg so großzügig, dass die Stadt bis weit ins 19. Jahrhundert nicht über ihre Mauern hinauswuchs.

Vom Marktplatz zum Prachttor

Zentrum der Altstadt von Weißenburg ist der weite, von historischen Bürgerhäusern eingefasste Marktplatz, der an der Nordseite vom Reichsstädtischen Rathaus begrenzt wird. Hier starten wir unsere Stadterkundung und gehen links am gotischen, Ende des 15. Jahrhunderts erbauten Rathaus vorbei in die Rosenstraße. Links sticht die Barockfassade des »Blauen Hauses« ins Auge, in dem seit mehreren Jahrhunderten die Einhorn-Apotheke residiert. Im Untergeschoss ist ein Apothekenmuseum mit einer vollständig erhaltenen Apotheke aus dem 19. Jahrhundert untergebracht. Vor der Stadtkirche St. Andreas biegen wir rechts in die Ellinger Straße ein und verlassen durch das Ellinger Tor die Altstadt. Das prächtige Stadttor, an dem vom 14. bis zum 17. Jahrhundert gebaut wurde, ist zweifelsohne eines der prächtigsten in ganz Deutschland. Vom Tor steigen wir im Rechtsbogen in den Stadtgraben hinab und folgen diesem nach rechts. Vorbei am malerisch vor der Stadtkirche aufragenden Fünfeckturm, einem der 38 erhaltenen Stadtmauertürme, ist der Martin-Luther-Platz schnell erreicht. Wir gehen

↑ Der romantische Seeweiher mit der Seeweihermauer
← Der Marktplatz bildet das Zentrum der Altstadt.

rechts an der Stadtkirche vorbei auf den Platz, der vom Fachwerkgebäude der Alten Lateinschule, dem Römermuseum und der Kirche eingefasst wird. Zuerst wenden wir uns der 1327 geweihten gotischen Stadtkirche zu, die 100 Jahre später den prächtigen Choranbau erhielt. Dass der Kirchturm anschließend an den Chor angebaut wurde, ist sehr ungewöhnlich. Er diente auch als Stadt- und Wachturm. In 50 Meter Höhe lag die Wohnung des Stadttürmers, der bis 1925 dort oben seinen Dienst versah. Wer einen Aufstieg über die steile Wendeltreppe nicht scheut, wird mit einem eindrucksvollen Blick über die Stadt belohnt. Zurück auf festem Boden locken im gegenüberliegenden historischen Gebäudekomplex gleich drei überaus interessante Museen. Im Reichsstadtmuseum wird die Stadtgeschichte beleuchtet, im Römermuseum kann man die exquisiten Stücke des 1979 entdeckten Römerschatzes von Weißenburg bewundern und im Limes-Informationszentrum erfährt man viel Wissenswertes über den römischen Grenzwall. Am Museum vorbei schlüpfen wir schließlich durch eine Gasse auf den hübschen Platz am Hof, wo wohl einst mit dem fränkischen Königshof die Keimzelle der Stadt lag, und erreichen kurz darauf wieder das reichsstädtische Rathaus.

Lage/Einwohnerzahl Im Süden Mittelfrankens liegt nahe der Altmühl die Kreisstadt Weißenburg, die 18 600 Einwohner zählt.

Highlights Die historische Altstadt rund um Marktplatz und gotisches Rathaus; Stadtkirche, Römer- und Reichsstadtmuseum am Martin-Luther-Platz; Stadtmauer mit Ellinger Tor und Seeweihermauer; römische Ausgrabungen

Tipp Stilvoll in einem Fachwerkhaus übernachten kann man im Hotel am Ellinger Tor.

Informationen weissenburg.de

See mit Mauer

Eine zweite Runde führt uns zum malerischsten Abschnitt der Stadtmauer am Seeweiher. Die Schauseite des Rathauses ist der platzartig erweiterten Luitpoldstraße zugewandt, auf der einst reges Markttreiben herrschte. An der Nordseite liegt die mittelalterliche Kirche des ehemaligen Karmeliterklosters, die im 18. Jahrhundert barockisiert wurde und heute als Kulturzentrum der Stadt dient. Den Chor schmückt ein eindrucksvolles, um 1400 geschaffenes Volto-Santo-Fresko. Am Ende der breiten Luitpoldstraße biegen wir nach rechts ab und gehen an der Kunstschranne vorbei zur Judengasse, der wir nach rechts folgen. An der linken Seite des kleinen Brunnenplatzes an der Bachgasse führt uns ein schmales Gässchen zur Seeweihermauer genannten Gasse. Wir gehen kurz nach rechts und dann nach links durch die Stadtmauer zum Seeweiher. Er erinnert daran, dass in früheren Zeiten viele der Stadtgräben zum Schutz vor Angriffen mit Wasser gefüllt waren. Ein Weg führt uns am See entlang, in dem sich malerisch die Stadtmauer spiegelt. Am Ende des Sees wird eine Straße überquert und im Stadtgraben geht es an der turmreichen Stadtmauer entlang zur Frauentorstraße. Auf ihr gehen wir nach rechts und geradewegs Richtung Altstadt. Nach dem Spitaltor, das noch an die erste Stadtmauer erinnert, erreicht man wieder den Marktplatz. Wer sich für die römische Geschichte der Stadt interessiert, der kann westlich der Altstadt das rekonstruierte Tor des Römerkastells und die römische Thermenanlage bestaunen.

➔ Das Ellinger Tor zählt zu den schönsten in Deutschland.

Über das Kloster St. Mang in Füssen geht der Blick zu den Ammergauer Alpen.

Schwaben

23 Nördlingen

Reichsstadt im Ries

Im weiten Rieskrater, der die Schwäbische von der Fränkischen Alb trennt, liegt die alte Reichsstadt Nördlingen. Mit ihrer Stadtmauer scheint die Altstadt den kreisrunden Krater, den ein Meteoriteneinschlag vor 15 Millionen Jahren hinterließ, im Kleinen kopieren zu wollen. Obwohl das malerische Städtchen an der Romantischen Straße liegt, wird es viel weniger beachtet als andere Städte an der weltweit bekannten Ferienroute. Mit ihrem geschlossenen historischen Stadtbild, mit den zahlreichen eindrucksvollen Bauwerken und vor allem mit der einzigartigen, 2,7 Kilometer langen Stadtmauer kann Nördlingen gleichwohl jeden Besucher begeistern.

Messen und Schlachten

Rund um einen fränkischen Königshof, der im 9. Jahrhundert erstmals auf einer Urkunde erwähnt wird, entwickelte sich die Stadt Nördlingen. Die Lage an der Kreuzung der Handelsstraße von Nürnberg nach Ulm mit der Reichsstraße, der wichtigsten mittelalterlichen Handelsroute von Italien nach Deutschland, befeuerte die Entwicklung der Stadt. Mit dem Erwerb der Stadt durch Kaiser Friedrich II. im Jahr 1215 begann der Aufstieg zur freien Reichsstadt. Schon 1219 ist zum ersten Mal die zehn Tage dauernde Pfingstmesse bezeugt, die Nördlingen zu einem der wichtigsten

↑ Der Daniel genannte Münsterturm überragt die Altstadt.
← Rund ums Rathaus findet man herrliche Fachwerkgebäude.

Messe- und Handelsplätze in Süddeutschland machte. Die alte Stadtmauer, deren Verlauf sich bis heute im Stadtplan abzeichnet, wurde bald zu eng. 1327 befahl Ludwig der Bayer den bis heute erhaltenen Mauerring zu erbauen, der die neuen Vorstädte miteinschloss und der bis ins 17. Jahrhundert immer weiter ausgebaut wurde. Die Jahrhunderte währende Erfolgsgeschichte endete im Dreißigjährigen Krieg. 1634 tobte vor den Toren der Stadt zwei Tage lang eine der größten Schlachten des gesamten Krieges. Nach der Niederlage des verbündeten schwedisch-protestantischen Einsatzheeres gegen die kaiserlichen Truppen musste die seit mehreren Wochen belagerte Stadt kapitulieren. Zerstörungen, Hungersnöte, Seuchen, Plünderungen und Kontributionszahlungen beendeten die Jahrhunderte während Blütezeit von Nördlingen.

Vom Daniel ins Gerberviertel

Eine erste Erkundungstour beginnen wir im Zentrum der Altstadt von Nördlingen vor dem wundervollen Renaissancerathaus, das seit über 600 Jahren die Stadtverwaltung beherbergt. Gegenüber dem gotischen Rathaus mit der eleganten Renaissancefreitreppe ragt das imposante Hohe Haus mit seinen neun Stockwerken auf, das zu den ältesten Gebäuden in Nördlingen gezählt wird. Vorbei an der prächtigen Fachwerkfassade des um 1500 erbauten Tanzhauses, in dem während der Messen getanzt und gehandelt wurde, gehen wir über den Marktplatz zur gewaltigen spätgotischen Hallenkirche St. Georg. Man sollte einen Blick in das Kirchenschiff mit dem eleganten Kreuzrippengewölbe werfen, in dem es einige interessante Kunstwerke wie die Kanzel, eine frühbarocke Or-

↑ Kleine Häuser, Kasarmen genannt, lehnen sich an die Stadtmauer.
→ Auf dem Marktplatz im Zentrum der Altstadt

gel und gotische Figuren zu entdecken gibt. Höhepunkt ist aber die abenteuerliche Besteigung des 90 Meter hohen Kirchturmes. Vom Daniel, wie das Wahrzeichen der Stadt heißt, hat man einen herrlichen Rundumblick auf das Nördlinger Ries und vor allem einen wahrlich atemberaubenden Tiefblick auf die Altstadt.

Für den Weiterweg wenden wir uns vor der Kirche nach links. Nur die wichtigsten der zahllosen historischen Gebäude am Weg können nun erwähnt werden. Vorbei am Kriegerbrunnen ist schnell die Alte Schranne erreicht. In dem um 1600 erbauten Kornhandelshaus ist heute eine Markthalle untergebracht. Die Straße an der Kornschranne führt uns weiter zur Löpsinger Straße, der wir rechts zum Löpsinger Tor folgen. Vor dem Renaissancetor mit der barocken Dachhaube biegen wir links in das Sträßchen, das an der Mauer entlangläuft. Vor dem Unteren Wasserturm knickt es kurz nach links und nach wenigen Metern überqueren wir vor dem Wasserrad der historischen Neumühle die Eger.

Wir befinden uns nun im Gerberviertel, einem der besterhaltenen seiner Art in ganz Deutschland. Die Gerber waren auf Wasser angewiesen, und so siedelten sie sich hier am Stadtflüsschen Eger an. Wir folgen noch kurz der Stadtmauer und biegen bei nächster Gelegenheit nach links zur Eger ab. Am Fluss sind noch zahlreiche alte Gerberhäuser erhalten. In den hohen, gut zu belüftenden Giebeln wurde das Leder zum Trocknen ausgelegt. Besonders schön ist das sogenannte Moserhaus in der Mittleren Gerbergasse, das 1570 erbaut wurde. Wir folgen der Eger kurz flussauf zum Alten Stadtspital mit seinen interessanten Museen. Das Stadtmuseum besticht mit seiner wertvollen Kunstsammlung und das RiesKrater-Museum beschäftigt sich nicht nur mit dem Meteoriteneinschlag im Ries. An den Museen halten wir uns links und folgen dann der Vorderen Gerbergasse kurz nach links. Auf der rechten Seite bringt uns dann das Waisengäßchen zum Klösterle, in dem heute ein Hotel untergebracht ist. Das ehemalige Kloster wurde Ende des 16. Jahrhunderts zum Kornhaus umgebaut und gilt als eines der schönsten profanen Renaissancebauwerke in Deutschland. Vor dem Klösterle überqueren wir den von mittelalterlichen Kaufmannshäusern umringten Hafenmarkt, der einst das Zentrum der Messe war, und biegen dann rechts in die schmale Eisengasse ein. Sie führt uns an herrlichen Fachwerkhäusern vorbei zurück zum Rathaus.

Die große Stadtmauerrunde

Wir gehen nun am Rathaus wieder in Richtung Stadtkirche und biegen nach dem Tanzhaus rechts in die Polizeigasse. Vorbei an eindrucksvollen Bürgerhäusern führt sie uns zum Weinmarkt, der malerisch von Barock- und Fachwerkfassaden begrenzt wird. Vorbei am imposanten Renaissancebau des Hallgebäudes folgen wir dann der Bergerstraße weiter zum Berger Tor. Links führt das Sträßchen an zahlreichen sogenannten Kasarmen vorbei, die sich malerisch an die Stadtmauer schmiegen. Diese im 17. Jahrhundert erbauten winzigen Häuschen wurden günstig an arme Leute vermietet, die sie dafür im Kriegsfall Soldaten überlassen mussten. Wir ersteigen am Berger Tor die Stadtmauer. 2,7 Kilometer liegen jetzt auf der einzig vollständig zu begehenden Stadtmauer Deutschlands vor uns. Wir passieren dabei fünf Stadttore und elf Türme und genießen aus verschiedenen Winkeln den Blick auf die Altstadt von Nördlingen.

Lage/Einwohnerzahl Inmitten des Rieskraters liegt die 20 700-Einwohner-Stadt Nördlingen.

Highlights Die gesamte Altstadt mit der Georgskirche, dem Renaissancerathaus, dem Gerberviertel; die Stadtmauer mit zahlreichen Toren und Türmen

Tipp Hinter dem Rathaus in der Eisengasse liegt das hübsche Café Samocca, in dem man von Menschen mit kleinen Handicaps äußerst liebenswert bedient wird.

Informationen noerdlingen.de/tourismus

24 Wemding und Oettingen

Bürgerstolz und Adelsmacht

Am Rand des Rieskraters, der vor 15 Millionen Jahren durch den Einschlag eines riesigen Meteoriten entstanden ist, liegen die beiden Kleinstädte Wemding und Oettingen. Die Geschichte beider Städte ist eng verwoben mit dem Grafengeschlecht der Oettinger, die rund um das Ries weite Ländereien beherrschten. Heute locken beide Städte mit ihren engen Gassen und bezaubernden Plätzen, auf denen man abseits des Touristenrummels einkehren kann, um das gemächliche Leben einer kleinen Landstadt zu beobachten.

Mittelalterliche Kleinstadt

Das günstig an der Kreuzung mehrerer historischer Straßen gelegene Städtchen Wemding konnte sich bis heute seinen mittelalterlichen Kleinstadtcharme bewahren. Mit seiner runden, in großen Teilen noch gut erhaltenen Stadtmauer wirkt es ein wenig wie die kleinere, bescheidenere Kopie von Nördlingen. Keimzelle des Ortes war ein fränkischer Königshof aus dem 8. Jahrhundert, der nahe der heutigen Stadtpfarrkirche lag. Im Mittelalter entwickelte sich der

Marktplatz zum Zentrum der Stadt. Als Wemding vom Grafen von Oetting 1318 die Stadtrechte verliehen bekam, war die Stadt schon von einer Stadtmauer umgeben. 1467 verkauften die Oettinger Wemding an die Wittelsbacher und die Stadt wurde zur bayerischen Exklave im protestantischen Umfeld.

Die Fuchsienstadt

Was bei einem Rundgang durch Wemding immer wieder begeistert, sind die in allen Farben blühenden Fuchsien. Sie erinnern an den Arzt und Botaniker Leonhart Fuchs, der 1501 in Wemding geboren wurde. Zu Ehren des humanistischen Gelehrten trägt eine Ende des 17. Jahrhunderts in Südamerika entdeckte Pflanze seinen Namen. Wir beginnen unsere Runde am wundervollen Marktplatz von Wemding, der von mittelalterlichen, oftmals barock überformten Gebäuden eingefasst wird. Die Gebäudereihe an der Ostseite schließt rechts mit dem schmalen, kaum zwei Meter breiten Häuschen ab, in dem Leonhart Fuchs geboren wurde. Schauseite des Platzes ist allerdings die Nordseite mit ihren imposanten, von der Pfarrkirche überragten bürgerlichen Prunkbauten. Das Barockgebäude des Gasthofs Krone trennt das Mitte des 16. Jahrhunderts erbaute Renaissancerathaus mit dem eigenwilligen Staffelgiebel von der zur gleichen Zeit erbauten Stadtmetzgerei mit der angeschlossenen kleinen Lateinschule. Dahinter ragen die mächtigen Doppeltürme der Stadtpfarrkirche St. Emmeram in den Himmel. Ihre Geschichte reicht bis ins 11. Jahrhundert zurück und sie wurde im Laufe der Zeit mehrmals umgebaut und erweitert. Im Inneren besticht neben dem barocken Hauptaltar ein spätgotisches Fresko im Chor. Wer

↑ Der Marktplatz von Wemding
← Die Fachwerkseite der Schlossstraße in Oettingen

sich ein wenig mehr Zeit nehmen möchte, der kann in Wemding noch einiges entdecken. Vor allem der gut erhaltene, durch eine Vormauer abgesicherte Mauerring bietet sich mit seinen hübschen Gärten für eine Runde an. Das Ambacher Tor im Norden ist noch vollständig erhalten. An der Westmauer überspannt der wuchtige Häutbachturm den Wethbach und im Süden war der Nördlinger Turm Teil des Nördlinger Tores. Nach einer abschließenden Entdeckungstour durch die Altstadtgassen sollte man unbedingt am Marktplatz einkehren und das Ambiente eines der schönsten Plätze in Schwaben auf sich wirken lassen. Fährt man anschließend weiter Richtung Oettingen, ist ein Abstecher zu der wenig außerhalb von Wemding gelegenen Wallfahrtskirche Maria Brünnlein fast Pflicht. Die Rokokokirche besticht nicht nur mit ihrer eleganten Ausstattung und dem einzigartigen Brunnenaltar, sondern auch durch den herrlichen Blick über das Nördlinger Ries.

Die zweigeteilte Residenzstadt

Wo die Wörnitz das Nördlinger Ries erreicht und seit alters her eine wichtige Flussfurt genutzt wird, liegt die malerische kleine Residenzstadt Oettingen. Keimzelle der Stadt war wohl eine Befestigung aus dem 11. Jahrhundert, die die Wörnitzfurt sicherte. Ab dem 12. Jahrhundert bestimmten die Grafen von Oettingen die Geschicke der Siedlung, die sie planvoll zur Stadt ausbauen ließen. So wurde im 13. Jahrhundert die

Schlossstraße als Straßenmarkt angelegt und die Stadt mit einer Stadtmauer gesichert. Aus der alten Burganlage entstand im 15. Jahrhundert an der heutigen Hofstraße das Alte Schloss, der Sitz der Grafen Oettingen-Oettingen. In dieser Zeit teilte sich das Haus Oettingen in verschiedene Linien auf und am Nordende der Schlossstraße entstand der Sitz der Linie Oettingen-Spielberg, der später zum Residenzschloss ausgebaut wurde. Mitte des 16. Jahrhunderts wurde die Stadt entlang der Schlossstraße zwischen den beiden Linien aufgeteilt und erst 200 Jahre später unter dem Haus Oettingen-Spielberg vereint. So entstand die absurde Situation, dass die westliche Stadthälfte katholisch war, die linke evangelisch, auf der einen Seite wurde nach dem julianischen Kalender gelebt, auf der anderen nach dem gregorianischen.

↑ In Oettingen nisten zahlreiche Störche.
← Die Königsstraße in Oettingen mit dem Königsturm

Rechte Seite, linke Seite

Von Süden her erreicht man durch den sogenannten Königsturm die innere Altstadt von Oettingen. Auf dem mittelalterlichen Sockel wurde der Turm, der auch als Stadtgefängnis diente, Ende des 16. Jahrhunderts neu aufgerichtet. Vorbei an schönen Bürgerhäusern geht es weiter zum prächtigen Rathaus von Oettingen. Das im 15. Jahrhundert errichtete Gebäude gehört sicherlich zu den schönsten und beeindruckendsten Fachwerkgebäuden in ganz Bayern. Am Rathaus weitet sich die Schlossstraße zum malerischen Marktplatz, an dem sich die frühere Teilung der Stadt deutlich ablesen lässt. Die linke, spielbergische Seite ist von bezaubernden Fachwerkfassaden geprägt, die rechte Seite von nicht weniger malerischen barocken Fassaden mit elegant geschwungenen Giebeln. Die Schlossstraße führt uns schließlich zum Residenzschloss der Grafen von Oettingen-Spielberg, das die Altstadt im Norden abschließt. Die Sammlungen und die wertvoll ausgestatteten Prunkräume können im Rahmen von Führungen besichtigt werden und die Säle und der beschauliche Residenzgarten bilden einen stilvollen Rahmen für klassische Konzerte.

Lage/Einwohnerzahl Am Rand des Rieskraters liegen die Städte Wemding und Oettingen, die jeweils gut 5800 bzw. 5200 Einwohner haben.

Highlights Die Altstadt von Wemding mit Rathaus, Stadtkirche und Wallfahrtskirche Maria Brünnlein; die Altstadt von Oettingen mit Fachwerkrathaus und Residenzschloss

Tipp Die Pizzeria La Fontana liegt wunderschön am Marktplatz von Wemding.

Informationen wemding.de/sehenswuerdigkeiten, oettingen.de

25 Mindelheim

Die Frundsberger-Stadt

Am Fuß der Mindelburg liegt am Flüsschen Mindel das liebenswerte Städtchen Mindelheim. Seinen Wohlstand verdankte es der Salzstraße, auf der das »weiße Gold« des Mittelalters aus der Salzregion rund um Salzburg Richtung Bodensee transportiert wurde. Dem regelmäßigen Stadtgrundriss ist anzusehen, dass Mindelheim planmäßig angelegt und befestigt wurde. Dies geschah wohl schon im 12. Jahrhundert. Im 13. Jahrhundert erhielt Mindelheim schließlich die Stadtrechte. Zu den häufig wechselnden Besitzern gehörte neben Fuggern und Wittelsbachern auch die Familie der Frundsberger. Der auf der Mindelburg 1473 geborene Georg I. von Frundsberg, der sogenannte Vater der Landsknechte, war wohl einer der bekanntesten Militärtaktiker und Heerführer seiner Zeit. Ihm zu Ehren veranstaltet Mindelheim alle drei Jahre das Frundsbergfest. Zehn Tage lang steht die Altstadt mit Festzügen in historischen Kostümen, mit mittelalterlichen Märkten, Theateraufführungen und Konzerten ganz im Zeichen des Landsknechtführers.

Viel Feind, viel Ehr

Eine Erkundungstour durch die Altstadt von Mindelheim beginnt man am besten am zentralen Marienplatz. Den Erker des Rathauses ziert seit 1903 eine Figur von Georg I. von

Frundsberg, dessen Wahlspruch »Viel Feind, viel Ehr« bis heute bekannt ist. Vorbei am Rathaus führt die Maximilianstraße zum 1337 erbauten Oberen Tor, das sein charakteristisches Aussehen um 1500 erhielt. In der Fastnachtszeit wird das Tor als Narr verkleidet. Rechts kann man einen kurzen Abstecher zum runden Gefängnisturm aus dem 13. Jahrhundert unternehmen. Wir wenden uns vor dem Tor aber nach links zur barocken Stadtpfarrkirche St. Stephan. Auf dem Platz vor der Kirche steht die gotisch-barocke Gruftkapelle, deren Untergeschoss einst als Beinhaus diente, und im barocken Kloster Heilig-Kreuz ist heute das interessante Heimatmuseum untergebracht. Zwischen Kloster und Kirche hindurch führt uns ein Torbogen zur Kleinhansstraße, der wir links zur Lauterstraße folgen. Auf ihr geht es wenige Meter nach rechts und dann links auf der schmalen Hungerbachgasse zur Kornstraße. Rechts wird die Altstadt vom prächtigen mittelalterlichen Einlasstor bewacht, durch das Bürger auch nach Torschluss noch gegen eine Gebühr eingelassen wurden.

Kleine Museumsrunde

Wir folgen der Hungerbachgasse geradewegs zur gotischen Silvesterkapelle mit dem einzigartigen Turmuhrenmuseum, dessen älteste Uhr aus dem Jahre 1562 stammt. Hinter dem Museum biegen wir links in die Gerberstraße ein, die uns zum nahen Schrannenplatz bringt. Hier finden wir mit der gotisch-barocken Jesuitenkirche das

↑ Stolze Bürgerhäuser blicken auf die Mariensäule.
← Das Rathaus ziert eine Frundsberg-Statue.

S. JOSEPH
S. JOACHIM
2,6m
ZONE
ZONE
Museen

prächtigste Gotteshaus der Stadt, dessen Kirchenraum im Glanz des Rokoko erstrahlt. Rechts sind in den ehemaligen Klostergebäuden die Museen im Colleg untergebracht und links schließt an die Kirche der mittelalterliche Turm des Unteren Tores an. Gegenüber lockt am Mühlbach der wunderschön gelegene Gasthof im Weberhaus. Auf der Maximilianstraße kann man schließlich an malerischen Bürgerhäusern vorbei zum nahen Marienplatz zurückschlendern oder man kehrt im malerisch am Mühlbach gelegenen Gasthof ein.

Lage/Einwohnerzahl Zwischen München und Memmingen liegt nahe der A 96 die 15 300-Einwohner-Stadt Mindelheim.

Highlights Die Altstadt mit Stadttoren, der Stadtpfarrkirche, der Gruftkapelle und der Jesuitenkirche; das Heimatmuseum, das Turmuhrenmuseum und die vielfältigen Museen im Colleg

Tipp Idyllisch übernachten kann man im Zentrum der Mindelheimer Altstadt im altehrwürdigen Hotel Post.

Informationen mindelheim.de/freizeit-tourismus

↑ Die Kornstraße führt zum prächtigen Einlasstor.
← Das Untere Tor bewacht im Westen die Altstadt.

26 Memmingen

Stadt der Freiheitsrechte

Im 12. Jahrhundert ließ Herzog Welf VI. die ummauerte Kernstadt von Memmingen anlegen. Sie sollte wie andere seiner Besitzungen den Salzhandel von Salzburg in den Bodenseeraum befördern und als sicherer Stapelplatz für das »weiße Gold« dienen. Dass sich die Salzstraße hier mit der wichtigen Handelsstraße von Italien über den Brenner Richtung Ulm kreuzte, sorgte zusätzlich für den rasanten Aufstieg von Memmingen. Der erste Mauergürtel, der sich im Geviert zwischen Weinmarkt, Westertor und Hexenturm bis heute im Straßenbild abzeichnet, wurde schon nach kurzer Zeit zu eng. Anfang des 13. Jahrhunderts wurde die Stadt im Osten entlang der Salzstraße um die Kalchvorstadt erweitert und Mitte des 14. Jahrhunderts wurde das Stadtgebiet durch die im Süden angeschlossene Oberstadt mehr als verdoppelt. Mitte des 15. Jahrhunderts wurde schließlich als letzte Stadterweiterung die Ulmer Vorstadt nördlich des Marktplatzes angelegt. Während die nördlichen Stadtteile entlang der Salzstraße durch den Handel geprägt waren, war die Oberstadt die Heimat der Handwerker – hauptsächlich der Weber und Gerber. Im 1286 zur freien Reichsstadt erklärten Memmingen gewannen die fortschrittlichen Handwerkszünfte mehr und mehr Einfluss. Ab 1513 wurde die Reformation eingeführt und 1525 verbündete sich die Stadt in den Bauernkriegen mit den aufständischen Bauern. Im Haus der Kramerzunft verfassten die zur »Christlichen Vereinigung« zusammengeschlossenen Bauern die »zwölf Artikel«, eine Art Verfassung, in der weitgehende Freiheitsrechte gefordert wurden.

Rund um Marktplatz und Stadtkirche

Die gute Stube von Memmingen ist der wundervolle Marktplatz, der von malerischen Gebäuden umringt ist. Den nördlichen Abschluss und den Höhepunkt bildet das spätmittelalterliche Rathaus, das mit seiner herrlichen Rokokofassade begeistert. Rechts begrenzt das barocke Großzunfthaus den Platz, das ehemalige Gesellschaftshaus der Großkaufleute. Und links des Rathauses streckt sich das 1495 erbaute Steuerhaus, ehemals Sitz der städtischen Finanzverwaltung, mit seinem bezaubernd bemalten barocken Obergeschoss in die Länge. Im Arkadencafé lässt es sich wundervoll rasten und das Treiben auf dem weiten Platz beobachten. Vom Marktplatz gehen wir rechts am Rathaus vorbei zum Hexenturm, der den Verlauf der ersten Stadtbefestigung markiert. Hinter dem Turm biegen wir links in den Zollerngarten ein und erreichen nach dem Einlasstor den Stadtbach. Nach rechts wandern wir zwischen Bach und Mauer durch die malerische Ulmer Vorstadt zum 1470 vollendeten Ulmer Tor, dem nördlichsten Punkt der Altstadt. Die Ulmer Straße führt uns dann am barocken Parishaus vorbei zurück zum Marktplatz.

Wir halten uns rechts und wandern aufwärts Richtung Stadtkirche St. Martin. Rechts ist im Hermansbau, einem prächtigen barocken Stadtpalais, das interessante Stadtmuseum untergebracht und geradeaus geht es zum barock umgestalteten Westertor, das schon Bestandteil der ersten Stadtbefestigung war. Unser Augenmerk richtet sich aber vor allem auf die gotische Martins-Basilika, die mit ihrem markanten Turm die Stadt überragt. Im Kirchenschiff sind gotische Fresken der Künstlerfamilie Strigel und

↑ In der idyllischen Ulmer Vorstadt
← Das Rokokorathaus am Marktplatz

↑ Fein herausgeputztes Fachwerkhaus in der Altstadt

das Chorgestühl mit feinen Schnitzereien besonders sehenswert. Vorbei an der gotischen Kinderlehrkirche mit eindrucksvollen Fresken von Bernhard Strigel sind es nur wenige Schritte zum gotischen Antonierhaus, dem ehemaligen Spitalkloster des Antonierordens. Hier sollte man sich das Strigel-Museum nicht entgehen lassen mit Werken der Memminger Künstlerfamilie rund um Bernhard Strigel, dem bedeutendsten Künstler von Memmingen und Hofmaler von Kaiser Maximilian I. Vom Museum kehren wir schließlich wieder zum nahen Marktplatz zurück.

Am Stadtbach entlang

Nun widmen wir uns dem malerischsten Winkel von Memmingen rund um den Stadtbach. Wir biegen am Marktplatz in die schmale Untere Bachgasse ein, die rechts und links am Bach entlang läuft. Eingefasst von alten Bürgerhäusern bietet sie so manch romantischen Anblick und Gasthöfe und Cafés verführen zur schattigen Einkehr am murmelnden Bach. Schon seit dem Mittelalter wird der Stadtbach alljährlich abgelassen und vom angefallenen Unrat gesäubert. Aus der Tradition, dass zuvor der Bach leergefischt wird, hat sich das größte Stadtfest Memmingens entwickelt. Rund um das Bachausfischen am Samstagmorgen wird Ende Juli das ganze Wochenende gefeiert. Nur Mitglieder des Fischertagsvereins dürfen am Bachausfischen teilnehmen und wer die größte Forelle fängt, darf sich für ein Jahr mit dem Titel Fischerkönig schmücken.

Die Untere Bachgasse endet am Weinmarkt, der von mächtigen Zunfthäusern eingefasst wird. Sie waren in früheren Zeiten die Zentralen der verschiedenen Handwerkerzünfte. Herausragende historische Bedeutung hat das Gebäude der Kramerzunft, das direkt am Stadtbach steht. Hier wurden 1525 die »zwölf Artikel« verfasst, ein frühes Dokument menschlicher Freiheitsrechte,

↑ Am Stadtbach lässt es sich herrlich schlendern und einkehren.
← Blick vom Schrannenplatz zur sehenswerten Frauenkirche

worauf das Fresko an der Fassade hinweist. Hinter dem Kramerzunfthaus folgen wir nun der Oberen Bachgasse, die uns zum Schrannenplatz bringt. Von hier aus könnte man Abstecher zum Kempter und zum Lindauer Tor machen. Wir folgen jedoch noch ein Stück dem Stadtbach bis zur beeindruckenden Frauenkirche. Die gotische Kirche ist vor allem berühmt für ihren spätgotischen, von Mitgliedern der Strigel-Familie geschaffenen Freskenzyklus.

Zurück am Schrannenplatz folgen wir rechts der Lindentorstraße zum Gerberplatz mit dem Siebendächerhaus, dem schönsten Fachwerkgebäude der Stadt. Im luftdurchfluteten Giebel trockneten die Gerber die Felle und das Leder.

Wir halten uns links und schlendern am Landestheater vorbei in die Fußgängerzone und auf der Kramerstraße zurück zum Marktplatz. Wer möchte, kann zum Abschluss auf der Kalchstraße noch einen kurzen Abstecher zum ehemaligen Kreuzherrenkloster machen. Nach der Besichtigung des wundervoll dekorierten barocken Kreuzherrensaales kann man im gotischen Gewölbe des Kreuzherren-Cafés den Tag stilvoll ausklingen lassen.

Lage/Einwohnerzahl Nahe der Grenze zu Baden-Württemberg liegt an der Kreuzung von A 7 und A 96 die 44 400-Einwohner-Stadt Memmingen.

Highlights Die Altstadt mit Stadttoren, mehreren interessanten Kirchen, dem Marktplatz mit Rathaus und beeindruckenden Bürgerhäusern; das Stadtmuseum und das Antoniter-Museum

Tipp Vom Café Hamptons im Steuerhaus lässt sich das Treiben am Marktplatz bestens beobachten.

Informationen tourismus-memmingen.de

27 Lindau

Der bayerische Bodenseehafen

Dank ihrer Lage im See, dank des milden Klimas und dank ihrer malerischen Gassen bietet die Altstadt von Lindau zweifellos mediterranes Flair und südliches Lebensgefühl. Lindau sollte man nicht einfach nur besuchen, sondern vielmehr genießen. Die Möglichkeiten dazu sind vielfältig. Man kann in einem der zahlreichen Gasthöfe und Cafés das muntere Treiben beobachten, bedeutende Sehenswürdigkeiten erkunden oder einfach die Füße mit Blick zu den Alpen im Bodensee baumeln lassen.

Die Geschichte von Lindau beginnt wohl mit einer einfachen Fischersiedlung im Westen der Insel und dem 817 gegründeten Inselstift der Kanonissen im Osten. Mit der Verlegung des Marktplatzes vom Festland auf die Insel durch das Kloster begann im 11. Jahrhundert der Aufstieg von Lindau. Um 1200 wurde der erste Hafen angelegt und hölzerne Palisaden, die bald durch Steinbauten ersetzt wurden, schützten die Stadt vor Stürmen und vor Angriffen. Lindau wurde zur Handelsdrehscheibe. Salz und Getreide gingen Richtung Schweiz und Italien, von dort kamen Wein, Metalle und edle Stoffe. 1275 wurde Lindau von König Rudolf I. zur Reichsstadt erhoben und behielt diesen Status bis ins Jahr 1805. In dieser Zeitspanne entstand ein Großteil der Bauwerke, die Lindau zu einer der interessantesten in der Bodenseeregion machen.

Rund um den schönsten Bodenseehafen

Wir beginnen am malerischen Hafen von Lindau. Bewacht wird die Hafeneinfahrt von einem sechs Meter hohen, 1856 errichteten Bayerischen Löwen und vom Neuen Leuchtturm. Über 139 steile Stufen kann der einzige Leuchtturm in Bayern bestiegen werden. Belohnt wird die Mühe mit einem wundervollen Ausblick über die Stadt, den Hafen und den See, hinter dem die Alpen aufragen. Auf der Hafenpromenade steht der 20 Meter hohe Mangturm, der einstmals als Teil der ersten, im 12. Jahrhundert errichteten Stadtbefestigung den Hafen bewachte und als Signalturm diente.

Zum ehemaligen Inselstift

Drei Straßenzüge verbinden die alte Fischersiedlung und die Hafenanlage im Westen der Stadtinsel mit dem Stiftsbereich im Osten. Wir werden zuerst den südlichen erkunden. Wir biegen am Mangturm von der lebhaften Hafenpromenade in das Sträßchen Inselgraben ein und treffen auf die Ludwigstraße. Links bieten bunte Bürgerhäuser einen bezaubernden Anblick. Wir wenden uns aber nach rechts und folgen der engen, von mittelalterlichen Gebäuden beschatteten Straße zum Reichsplatz. Auf der linken Seite bezaubert die Südfassade des im 15. Jahrhundert erbauten Alten Rathauses, die im 19. Jahrhundert mit Motiven der Ge-

↑ Leuchtturm und Bayerischer Löwe bewachen den Hafen.
← Die Maximilianstraße ist das lebhafte Herz der Altstadt.

↑ Schattige Gassen führen durch die Altstadt.
→ Die Renaissancetreppe am Alten Rathaus

schichte Lindaus versehen wurde. Und am 1884 errichteten Lindaviabrunnen kann man im Schatten alter Linden ein wenig ausruhen, bevor man weiter der Ludwigstraße folgt. Am Barfüßerplatz geht sie in die Fischergasse über, die mit der geschlossenen Reihe historischer Gebäude aus unterschiedlichen Epochen sicherlich zu den romantischsten Ecken in Lindau gehört. Rechts kann man durch einen niedrigen Durchgang einen Abstecher zur aussichtsreich am Seeufer gelegenen Gerberschanze machen. Wer will, kann von dort nach rechts auf dem Uferweg zum Hafen zurückkehren.

Wir folgen aber weiter der Fischergasse zur Schmiedgasse. Nach wenigen Metern sehen wir rechts die sogenannte Heidenmauer, die den Eingang in die Altstadt bewacht. Hier führte schon die erste Brücke auf die Stadtinsel und die Mauer ist wohl Teil der schon im 9. Jahrhundert erbauten Befestigung, die das Kanonissenstift umgab. Die Schmiedgasse führt uns zum nahen Stiftsbezirk hinauf, einem der beiden Keimzellen der Stadt. Hier liegt der Marktplatz, den das Stift im 11. Jahrhundert vom Festland auf die Insel verlagerte. Überragt wird der Platz von den Türmen der evangelischen Stadtpfarrkirche St. Stephan und des katholischen Liebfrauen-Münsters. Die Geschichte von St. Stephan reicht bis ins 12. Jahrhundert zurück. Heute prägt vor allem die feine Rokokoausstattung das Bild des Gotteshauses. Die Münsterkirche steht wahrscheinlich an der Stelle der ersten, im 9. Jahrhundert erbauten Kirche des Kanonissenstifts. Die heutige prächtige Barockkirche wurde Mitte des 18. Jahrhunderts erbaut.

Durch die Bürgerstadt zur Peterskirche

An der Westseite des Marktplatzes zieht das barocke Haus zum Cavazzen mit seiner wundervoll-plastischen Fassadenmalerei die Blicke auf sich. Über die gewundene Cramergasse erreichen wir die Maximilianstraße, das Zentrum der Handelsstadt Lindau. Eingefasst von alten Bürgerhäusern, die mit ihren Fassadenmalereien, Laubengängen und Erkern ein gemütlich-stimmungsvolles Ambiente zaubern, führt sie uns zum Bismarckplatz. Beherrscht wird der kleine Platz vom gotischen Alten Rathaus, das im 16. Jahrhundert seine markanten Renaissancetreppengiebel und die überdachte Freitreppe mit dem Verkündigungserker erhielt, von dem aus die Beschlüsse des Stadtrates bekanntgegeben wurden.

Wir folgen noch kurz der Maximilianstraße, biegen dann rechts in die Schafgasse und kommen nach wenigen Schritten links zum Schrannenplatz. Hier lag mit dem Fischerdorf die zweite Keimzelle der Stadt und hier finden wir mit der Peterskirche, die auch Fischerkirche genannt wird, die älteste Kirche Lindaus. Benannt ist sie nach dem Apostel Petrus, dem Schutzheiligen der Fischer. Ihre ältesten Teile entstanden im 12. Jahrhundert und zusammen mit dem benachbarten Diebsturm bildet sie ein beliebtes Fotomotiv. Was die Peterskirche aber so besonders macht, sind die Fresken im Kirchenschiff. Neben einer frühgotischen Christophorusdarstellung und den wertvollen Renaissancefresken des Lindauer Künstlers Mathis Miller im Chor begeistert vor allem der Bildzyklus der »Lindauer Passion«, der Hans Holbein dem Älteren zugeschrieben wird. Wenn wir noch ein wenig Zeit haben, können wir nun die dritte Achse der Altstadt erkunden, die malerische Straße In der Grub. Vorbei am beschaulichen Paradiesplatz, auf dem man bestens einkehren kann, führt sie zurück zum Marktplatz.

Lage/Einwohnerzahl Lindau liegt am bayerischen Bodenseeufer und hat 25 600 Einwohner.

Highlights Die Altstadt von Lindau mit geschlossener historischer Bebauung, dem Cavazzen-Haus, dem Alten Rathaus und mehreren sehenswerten Kirchen; der Bodenseehafen mit dem historischen Mangturm

Tipp Bestens einkehren kann man in Lindau im Wissingers im Schlechterbräu, das man an der Altstadtgasse In der Grub findet.

Informationen lindau.de

28 Kempten

Die Allgäumetropole

Im beschaulichen Allgäuer Alpenvorland liegt am Ufer der Iller die Stadt Kempten, die heimliche Hauptstadt des Allgäus. Die Stadt, die zu den ältesten in ganz Deutschland zählt, kann auf eine lange Geschichte zurückblicken. Auf einer zerstörten keltischen Siedlung, von der sie den Namen übernahmen, erbauten die Römer kurz um die Zeitenwende die Stadt Cambodunum. Diese älteste schriftlich bezeugte Stadt Deutschlands, die die erste Hauptstadt der römischen Provinz Raetien war, wurde im 3. Jahrhundert von den Alemannen zerstört.

Bürgerstadt und Stiftsstadt

Mitte des 8. Jahrhunderts gründete das Kloster St. Gallen im ehemaligen Stadtgebiet ein Zweigkloster. Es gewann dank der von Karl dem Großen gewährten Privilegien und dank reicher Schenkungen von Hildegard, seiner zweiten Gemahlin, schnell an Bedeutung. Dieses erste Kloster, dessen Lage im Bereich der Mang-Kirche vermutet wird, wurde 950 während der Ungarneinfälle zerstört. Es wurde an die heutige Stelle verlegt, womit der Keim für die Zweiteilung der Stadt gelegt war – unten am Fluss die Bürgerstadt, oben auf der Hochterrasse das Stift. Das Kloster blieb zwar Herr über die Stadt, diese konnte aber nach und nach die Herrschaftsrechte ablösen. Mit einem Freiheitsbrief von Rudolf von Habsburg im Jahr 1289 begann der Aufstieg zur freien Reichsstadt, der 1361 mit der Gewährung der Stadtprivilegien durch Kaiser Karl IV. abgeschlossen war. Bis zum Dreißigjährigen Krieg dauerte nun die Blütezeit der Bürgerstadt, die durch Fernhandel und Leinenerzeugung zu Wohlstand kam. Die räumliche Trennung der beiden Kemptner Machtzentren in ummauerte Reichsstadt und unbefestigten Stiftsbereich manifestierte sich im 16. Jahrhundert auch in Religionsfragen. Die zum protestantischen Glauben übergetretene Bürgerstadt und die katholischen Fürstäbte standen sich unversöhnlich gegenüber, was im Dreißigjährigen Krieg in Kempten zu selbstzerstörerischen, internen Kämpfen führte. Am Ende war die stolze Reichsstadt nahezu entvölkert. Das Stift dagegen hatte die Mittel für einen prunkvollen barocken Neubau von Kloster und Kirche, um den sich nun die Stiftsstadt ausdehnte.

Durch die Reichsstadt

Den Rundgang durch das reichsstädtische Kempten beginnen wir am wundervollen Rathausplatz. Schon dort fällt wohltuend auf, dass die Stadt mit ihrer großzügigen Fußgängerzone ein lebens- und liebenswertes Zentrum geschaffen hat. Hier kann man ungestört schlendern und die Außenbereiche der Gasthöfe und Cafés machen die Innenstadt zum beliebten Treffpunkt. Vor der beeindruckenden Rathausfassade mit ihrem Staffelgiebel plätschert der mit der Figur eines römischen Feldherrn verzierte Markt-

↑ Die St.-Mang-Kirche mit dem Jugendstilbrunnen
← Das mittelalterliche Rathaus am weiten Rathausplatz

↑ Die Klostersteige führt hinab zum Rathaus.

brunnen aus dem 17. Jahrhundert und im Kern mittelalterliche Patrizierhäuser geben dem Machtzentrum der Reichsstadt einen passenden Rahmen. Anstelle eines Fachwerkbaus wurde Ende des 15. Jahrhunderts das heutige Rathaus erbaut, das in der Folge immer wieder Veränderungen erfuhr. Vorbei am Londoner Hof mit seiner prächtigen Rokokofassade sind es nur wenige Schritte zum St.-Mang-Platz. Hier lag die Urzelle des später verlegten Klosters und die gotische St.-Mang-Kirche wurde an der Stelle der frühromanischen Klosterkirche erbaut. Vor der Kirche plätschert ein sehenswerter Jugendstilbrunnen mit der Figur des Allgäuheiligen St. Mang und rund um den Platz sind noch sehenswerte Patrizierhäuser erhalten. Für das Rote Haus wurden zwei mittelalterliche Häuser mit einer Barockfassade zusammengefasst, nebenan ragt das um 1600 erbaute Jenisch-Haus mächtig in die Höhe.

Zurück am Rathausplatz folgen wir der Rathausstraße geradewegs zur blumengeschmückten Freitreppe. Rechts führt die Klostersteige auf kürzestem Weg Richtung Stiftsstadt. Geradewegs kann man auf der Freitreppe zum Schlößle hinaufsteigen, einem erkergeschmückten Renaissancepatrizierhaus. Oder man folgt nach links der malerischen Fischersteige zur Fischerstraße und geht dann rechts vorbei am Schlößle zurück zur Klostersteige. Sie bringt uns schnell aus der ehemaligen Reichsstadt zum weiten Residenzplatz, an dem die Stiftsstadt beginnt.

Barockbasilika und römisches Erbe

Vor der Residenz erinnert der Anna-Schwegelin-Brunnen an die letzte in Deutschland als Hexe verurteilte Frau, die hier in Kempten ihren Tod fand. Die gewaltige Residenz und die prächtige Basilika, die Mitte des 17. Jahrhunderts erbaut wurden, sind die erste barocke Klosteranlage, die in Süddeutschland nach dem Dreißigjährigen Krieg erbaut wurde. Die Prunkräume der Residenz kann man nur im Rahmen einer

↑ Der Hofgarten ist eine Oase der Ruhe.
→ Vorbei an der Residenz geht's zur Barockbasilika.

Führung besichtigen. Am höchsten Punkt des Stiftsgeländes ragt die barocke St.-Lorenz-Basilika in den Himmel, mit deren Bau 1652 begonnen wurde. Der Innenraum besticht durch feinen frühbarocken Stuck, prunkvolle Altäre und ein prächtiges Chorgestühl.

An der Südseite des Residenzplatzes erhält man im Kempten-Museum im klassizistischen, 1802 erbauten Zumsteinhaus bei freiem Eintritt einen Überblick über 2000 Jahre Kemptener Stadtgeschichte. Auf 580 Quadratmetern Ausstellungsfläche erwarten elf Themenräume die Besucher. Nach so viel Stadt und Stadtgeschichte tut eine kleine Erholungspause gut. Dafür bietet sich der nördlich der Residenz gelegene Hofgarten an. Mit seinen Blumenbeeten, den Wasserbecken und der knorrigen, fast 300 Jahre alten Robinie bietet er mitten in der Stadt eine Oase der Ruhe. Vom Hofgarten gehen wir links an der Residenz vorbei und biegen am Beginn der alten Reichsstadt in die Gerberstraße. Der am Mühlradbrunnen beginnende Wasserlauf weist uns den Weg zurück ins Stadtzentrum

Wer sich für Geschichte interessiert, der sollte zum Abschluss unbedingt einen Abstecher über die Iller zum Archäologischen Park Cambodunum machen. Auf dem Gelände der ersten Römerstadt vermitteln die zum Teil rekonstruierten Bereiche der Therme, des Forums mit Basilika und des Tempelbezirks ein lebhaftes Bild römischen Lebens vor 2000 Jahren.

Lage/Einwohnerzahl Im Tal der Iller liegt die Allgäumetropole Kempten, die 69 000 Einwohner zählt.

Highlights Die Altstadt rund um das Rathaus und die Stadtkirche; die Stiftsstadt mit Residenz, Basilika und Kempten-Museum; der Archäologische Park Cambodunum

Tipp Bestens für eine Stärkungspause eignet sich die traditionsreiche Brauereigaststätte zum Stift an der Basilika St. Lorenz.

Informationen kempten-tourismus.de

29 Füssen

Hohes Schloss und St. Mang

Am Fuß markanter Berggipfel liegt die Lechstadt Füssen, der südliche Endpunkt der Romantischen Straße. Dank des bezaubernden Umlandes mit zahlreichen Seen und den weltberühmten Königsschlössern Neuschwanstein und Hohenschwangau ist Füssen ein beliebtes Ausflugsziel. Aber auch für sich allein genommen ist die Stadt dank ihrer reichen Geschichte und der malerischen Altstadt mit einigen herausragenden Bauwerken ein lohnendes Ziel. Ob man an einem sonnigen Sommertag in einem der schattigen Biergärten einkehrt oder ob man abends am Fuß des beleuchteten Hohen Schlosses durch die malerischen Altstadtgassen schlendert – man wird schnell dem Reiz der schönsten Alpenstadt Deutschlands erliegen.

Römer und Lautenmacher

Die um 50 nach Christus vom römischen Kaiser Claudius erbaute Via Claudia Augusta war über Jahrhunderte die wichtigste römische Straßenverbindung zwischen Italien und der rätischen Provinzhauptstadt Augusta Vindelicum, dem heutigen Augsburg. Sie führte über den Reschenpass und den Fernpass und folgte dann dem Lech. Wo sie die Alpen verließ, erbauten die Römer zur Sicherung der Straße ein Militärlager, aus dessen Namen Foetibus oder Foetes sich später der Name Füssen entwickelte. Mitte des 8. Jahrhunderts errichtete der vom Kloster St. Gallen ausgesandte Mönch Magnus, der später heiliggesprochen wurde, ein Kloster. Als St. Mang wird er als Allgäuapostel verehrt und seinen Namen trägt auch bis heute das Kloster.

Auf dem Schlossberg, auf dem sich einst das römische Militärlager befunden hatte, entstand ein karolingischer Königshof. Im 13. Jahrhundert wurde das Hohe Schloss erbaut, Füssen wurde mit einer Stadtmauer gesichert und entwickelte sich dank seiner Lage zur bedeutenden Handelsstadt. Im Mittelalter gewann die alte Römerstraße, deren Verlauf in Füssen die Reichenstraße bis heute nachzeichnet, als Fernhandelsweg wieder an Bedeutung. Ab der unterhalb des Lechfalls gelegenen Stadt war der Lech schiffbar, und so wurde Füssen zum Umschlagplatz, an dem die Waren von Saumpferden auf die Schiffe umgeladen werden konnten. 1313 erwarb das Hochstift Augsburg die Stadt, die in den nächsten 500 Jahren Augsburger Amtssitz blieb. Zwischen dem 16. und 18. Jahrhundert war Füssen eines der bedeutendsten Zentren des Lauten- und Geigenbaus in Europa, was neben dem Handel für zusätzlichen Wohlstand sorgte.

Zum Hohen Schloss

Die Runde durch die historische Altstadt beginnen wir auf der Reichenstraße, der belebten Flaniermeile Füssens. Vorbei an stolzen Bürgerhäusern aus mehreren Jahrhunderten und der barocken Krippenkirche führt sie uns zum Platz mit dem Stadtbrunnen, der von imposanten Bürgerhäusern und dem Hohen Schloss überragt wird. Im Boden zeichnet ein ins Pflaster eingelassenes Metallband den Verlauf der Via Claudia Augusta nach. Wir halten uns links und stoßen nach kurzer Strecke auf den mächtigen Bau des ehemaligen Klosters St. Mang. Einen Besuch sparen wir uns aber für später auf und steigen zunächst an der Klosterkirche vorbei zum Hohen Schloss hinauf. Vom Weg bieten sich interessante Blicke auf die Dachlandschaft der Altstadt. Durch die von einem schlanken Turm geschützte Toranlage erreichen wir schließlich den weiten Innenhof des Hohen Schlosses. Erbaut wurde die Anlage um das Jahr 1300 und Ende des 15. Jahrhunderts wurde sie von den Augsburger Bischöfen zu einer Sommerresidenz umgestaltet. Mit der wundervollen Illusionsmalerei gehört das Hohe Schloss zu den bedeutendsten spätgotischen Schlossanlagen Deutschlands. In den prächtigen Schloss-

↑ Es gibt so manche malerische Gasse zu erkunden.
← Prächtige Illusionsmalerei am Hof des Hohen Schlosses

sälen sind eine Zweiggalerie der Bayerischen Staatsgemäldesammlung mit schwäbischer Kunst aus dem 15. und 16. Jahrhundert und die Städtische Gemäldegalerie untergebracht.

Kirchen und Klöster

Vom Hohen Schloss steigen wir wieder in die Stadt hinab und widmen uns der Klosterkirche von St. Mang, die heute Stadtpfarrkirche ist. Anfang des 18. Jahrhunderts wurde sie von Johann Jakob Herkomer auf den Mauern älterer Vorgängerbauten errichtet. In der mit prunkvollen Altären und feinem Stuck ausgestatteten Kirche werden Reliquien von St. Mang aufbewahrt. Besonders eindrucksvoll ist die Krypta, die auf das 8. oder 9. Jahrhundert datiert wird. Die im 10. Jahrhundert entstandenen Fresken gehören zu den ältesten in Bayern. Von der Kirche gehen wir wenige Meter abwärts Richtung Altstadt und biegen dann rechts in die Lechhalde, die zur Lechbrücke hinabführt. Nach wenigen Schritten biegen wir links durch den Torbogen auf den Hof des ehemaligen Klosters St. Mang ab, das wie die Kirche auch von Herkomer errichtet wurde. Heute beherbergt das Rathaus das interessante Museum der Stadt Füssen. Herrliche Barocksäle, die Klosterbibliothek und die Annakapelle mit dem berühmten, 1602 entstandenen Totentanz gibt es im Museum ebenso zu entdecken wie eine Sammlung historischer Lauten.

Vom Kloster gehen wir zur nahen Spitalkirche hinunter, die mit ihrer mit Fresken bedeckten Fassade alle Blicke auf sich zieht. Sie wurde Mitte des 18. Jahrhunderts anstelle einer abgebrannten gotischen Vorgängerkirche erbaut. Die bezaubernden Rokokofresken erinnern mit Florian, dem Feuerabwehrheiligen, an den Brand und bieten mit dem Schutzheiligen der Flößer, dem hei-

Die Türme des Hohen Schlosses beherrschen die Altstadt (linkes und rechtes Bild).

→ Die Spitalkirche begeistert mit prächtigen Fresken.

ligen Christophorus, dieser am nahen Lech arbeitenden Zunft Schutz. Wer Lust hat, der kann über den Lech zur barocken Frauenkirche am Berg gehen, an der der Aufstieg auf den Füssener Kalvarienberg beginnt.

Wir wollen aber noch ein wenig die Altstadt erkunden, steigen kurz die Lechhalde hinauf und biegen dann rechts auf den malerischen Brotmarkt ab, auf dem der Lautenmacherbrunnen an das alte Handwerk erinnert. An der nächsten Kreuzung folgen wir der malerischen Franziskanergasse nach rechts und biegen kurz nach einem gusseisernen Brunnen rechts in das Pfarrgäßlein. Es bringt uns zum Franziskanerkloster mit der Kirche St. Stephan, in der in der Adventszeit die historische Krippe aufgebaut ist. Rings um das Kloster sind die Stadtmauern bestens erhalten. Von hier kehren wir zum Brotmarkt zurück und bummeln auf der Brunnengasse nach rechts zum Schrannenplatz, an dem man zum Abschluss der Stadttour bestens einkehren kann.

Lage/Einwohnerzahl Wo der Lech die Alpen verlässt, liegt die 15 600-Einwohner-Stadt Füssen.

Highlights Die Altstadt mit Krippenkirche, Spitalkirche und Franziskanerkloster; das Kloster St. Mang mit Museum der Stadt Füssen, Klosterkirche und romanischer Krypta; das Hohe Schloss mit Gemäldesammlung

Tipp Im Nostalgie-Restaurant Madame Plüsch fühlt man sich in die 1920er-Jahr zurückversetzt.

Informationen fuessen.de

Die Altstadt von Burghausen mit der überlangen Burg

Altbayern

30 Landsberg

Die oberbayerische Grenzstadt

Am Lech, der historischen Grenze zwischen Bayern und Schwaben, liegt das malerische Städtchen Landsberg. Obwohl hier die Romantische Straße vorbeiführt, findet die zwischen Augsburg und Schloss Neuschwanstein gelegene Stadt nicht die Aufmerksamkeit, die sie eigentlich verdient. Fast geschlossen hat sich die von vielen Türmen überragte Altstadt erhalten und die altertümlichen Gassen, die malerischen Plätze und das sonnige Lechufer laden zum Entdecken und Verweilen ein. Auf der Liste der schönsten Städte in Oberbayern steht Landsberg sicherlich ganz weit oben.

Im Schutz der Wittelsbacher

Die Keimzelle von Landsberg liegt auf dem Schlossberg, der schon seit der Bronzezeit besiedelt war. Anstelle einer frühmittelalterlichen Befestigung ließ dort um 1160 der Wittelsbacher Heinrich der Löwe eine Landesburg errichten, die in der Folge für den Stadtnamen Pate stand. Sie bewachte einerseits die westliche Landesgrenze des Wittelsbacher Territoriums und andererseits eine Brücke, die zur selben Zeit über den Lech geschlagen wurde. Über sie wurde vor allem der wichtige Salzhandel vom südöstlichen Bayern nach Schwaben abgewickelt, der vielen oberbayerischen Städten zu Wohlstand verhalf.

Eine erste Siedlung wurde Mitte des 13. Jahrhunderts durch eine planvoll angelegte Stadt überbaut. In der ersten Hälfte des 14. Jahrhunderts erhielt Landsberg von Herzog Ludwig IV. das Stadtrecht und wurde mit weitgehenden Privilegien ausgestattet. Damit begann die mittelalterliche Blütezeit der Stadt. Sie wuchs über die erste Stadtbefestigung, die sich noch im Schönen Turm am Hauptplatz abzeichnet, hinaus. Die Bereiche um das Klösterle und die Lechbrücke im Süden, um die Alte Bergstraße und das Bayertor im Osten und um die Angerstraße im Norden wurden in die Stadtbefestigung integriert. Bis heute sind große Teile dieses Mauerrings mitsamt den Stadttoren erhalten.

Der schleichende Niedergang Landsbergs begann in der Zeit der Bauernkriege, als die Handelsströme behindert waren, und während der Gegenreformation, als zahlreiche protestantische Handwerker die Stadt verließen. Von mehreren Pestwellen und den blutigen Jahren des Dreißigjährigen Krieges konnte sich Landsberg schließlich nie mehr ganz erholen. Man hatte zwar im 18. Jahrhundert noch die Kraft, das prächtige Rathaus und einige Kirchen zu errichten. Die große Zeit von Landsberg war aber vorbei, und so blieb bis heute die malerische Altstadt erhalten, die uns tief in vergangene Zeiten eintauchen lässt.

Vom Lech zum Hauptplatz

Unsere Erkundungsrunde durch Landsberg starten wir an der Lechbrücke. Unterhalb

↑ Die Altstadt liegt am rauschenden Lech.
← Blick von der Alten Bergstraße zum Schmalzturm

der Brücke rauscht der Fluss in mehreren Stufen über ein Wehr, das schon seit dem 14. Jahrhundert den Fluss reguliert. Oberhalb wurde auf der Altstadtseite der Mühlbach abgeleitet und die zahlreichen Flöße, die in früheren Zeiten Waren auf dem Lech transportierten, konnten auf der sogenannten Langen Wehr gegen Gebühr das Wehr umfahren. Hier befand sich also mit der Brücke, über die die Ost-West-Handelsroute führte, und mit dem Fluss, auf dem der Süd-Nord-Handel abgewickelt wurde, der Knotenpunkt für den Wohlstand von Landsberg.

Die geschäftige Hubert-von-Herkomer-Straße führt uns, vorbei an der barocken Ursulinen-Klosterkirche, zum Hauptplatz, der guten Stube der Landsberger Altstadt. Im Zentrum steht der barocke Marienbrunnen und nach oben hin schließt der dreieckige Platz mit dem malerischen Schmalzturm ab, der auch »Schöner Turm« genannt wird. Er ist Teil der ersten Stadtbefestigung aus dem 13. Jahrhundert. Sein beeindruckendes spätgotisches Kleid erhielt der Schmalzturm 1458, als die Stadt schon weit über den ersten Mauerring hinausgewachsen war und er zum Stadtturm mit Uhr und Glocke umgebaut wurde. Den zweiten architektonischen Glanzpunkt am Marktplatz setzt das barocke Rathaus. Es wurde Anfang des 18. Jahrhunderts erbaut und erhielt vom berühmten Barockbaumeister Dominikus Zimmermann, der in Landsberg lebte und zeitweise auch Bürgermeister war, seine herrliche Schaufassade. Das äußerst aufwen-

dig gestaltete Innere mit dem prunkvollen Festsaal kann im Rahmen einer Führung besichtigt werden.

Durch die mittelalterlichen Vorstädte

Hinter dem Schmalztor ziehen seit der Stadterweiterung im 14. Jahrhundert die Altstadtgassen steil nach oben. Die steile, von altehrwürdigen Bürgerhäusern gesäumte Alte Bergstraße verwöhnt uns mit wundervollen Blicken zum Schmalzturm und endet vor dem herrlichen Bayertor. Der aufwendig bemalte Turm wurde 1425 errichtet und bildet zusammen mit den wehrhaften Vorhöfen eines der schönsten Stadttore in ganz Bayern. Vom Turm folgen wir der Alten Bergstraße wieder kurz abwärts und biegen vor dem steilsten Abschnitt rechts zur Heilig-Kreuz-Kirche ab. Das Rokokogotteshaus wurde für die Jesuiten erbaut und besticht durch die reiche Ausstattung und den wundervollen Wechselaltar, der je nach Kirchenfest verändert werden kann.

Auf steilem Treppchen steigen wir schließlich wieder zum Schmalztor ab und erkunden jetzt den nördlichen Altstadtbereich. Die Schlossergasse führt uns zur gotischen Stadtpfarrkirche, die in der zweiten Hälfte des 15. Jahrhunderts erbaut und später barockisiert wurde. Im Kirchenschiff kann man zahlreiche hervorragende Kunstwerke aus der Zeit von Gotik und Barock bestaunen. Von der Pfarrkirche aus erkunden wir nun die Vorstadtgassen. Östlich des Hinteren Angers, der geradewegs zum Sandauer Tor führt, schmiegt sich das malerische Viertel rund um die Ledergasse an den steilen Hang. Am Unteren Anger fügt sich die Fassade der Johanniskirche bescheiden in die Häuserzeile. Das Innere aber des von Dominikus Zimmermann gestalteten Rokogotteshauses erinnert an die berühmte Wieskirche. Die Hintere Mühlgasse führt zum Roßmarkt in der Lechvorstadt. Zwei Stadttore und die malerischen Häuserzeilen am Mühlbach sorgen hier für romantische Stimmung. In einem der Cafés am Hauptplatz oder am sonnigen Lechufer kann man schließlich den Tag gemütlich ausklingen lassen.

↑ Auch in den Nebengassen findet man malerische Winkel.

← Die Mariensäule ist das Zentrum des weiten Hauptplatzes.

Lage/Einwohnerzahl Westlich von München liegt am Lech die Stadt Landsberg, die 29 400 Einwohner zählt.

Highlights Die Altstadt rund um den Hauptplatz mit Barockrathaus, Schmalzturm, Bayertor, Heilig-Kreuz-Kirche, Stadtpfarrkirche, weiteren Stadttoren und imposanten Bürgerhäusern

Tipp Wer im hübschen Stadthotel Augsburger Hof übernachtet, kann einen Abend im romantischen Landsberg bestens genießen.

Informationen landsberg.de/tourismus

31 Neuburg an der Donau

Die Pfalzgrafenstadt

Neuburg besticht durch seine einzigartige Lage an der Donau. Zum einen wird hier der breite Fluss durch die Leopoldineninsel in zwei leichter zu überwindende Arme geteilt. Zum anderen überragt eine bestens zu verteidigende Jura-Kuppe den Übergang. Auf diesem Rücken liegt die Altstadt von Neuburg mit dem wundervollen Renaissanceschloss, das sich malerisch auf der Donau spiegelt. Die Altstadt bietet Besuchern das unverfälschte Bild einer großteils im 16. und 17. Jahrhundert erbauten Residenzstadt. Die glorreiche Residenzzeit mit den rauschenden Festen des Pfalzgrafen Ottheinrich wird alle zwei Jahre mit dem Neuburger Schlossfest wiederbelebt. Zahlreiche Akteure in Renaissancekostümen, Jahrmärkte, Turniere und Konzerte lassen am letzten Juni- und am ersten Juliwochenende Neuburg im Glanz der Renaissance erstrahlen.

Auf dem Weg zur Residenzstadt

Schon Kelten und Römer nutzten die strategisch günstige Lage und besiedelten den Stadthügel von Neuburg. Im 7. Jahrhundert entwickelte sich unter den bayerischen Agilolfinger-Herzögen eine Marktsiedlung rund um die Kirche St. Peter, die im 8. Jahrhundert für kurze Zeit sogar Bischofssitz war. Mit Klosterstiftungen und einer Stadtburg wurde Neuburg, das im 13. Jahrhundert die Stadtrechte erhielt, zur wichtigen Bastion der Wittelsbacher ausgebaut. Die Blütezeit der Stadt begann 1503, als nach dem Landshuter Erbfolgekrieg das Fürstentum Pfalz-Neuburg entstand und Neuburg Residenzstadt wurde. Pfalzgraf Ottheinrich ließ sein mächtiges Renaissanceschloss erbauen und seine Nachfolger steuerten weitere imposante Bauwerke im Stil von Renaissance und Barock bei. So abrupt wie der Aufstieg der Stadt begann, so abrupt endete er auch wieder, als Neuburg 1685 die Funktion als Residenzstadt einbüßte. Der Neubau herrschaftlicher Repräsentationsbauten kam zum Erliegen und die bürgerliche Bautätigkeit verlagerte sich von der beengten Altstadt hinab in die Vorstädte. Bis heute zeigt Neuburg mit der quirligen Unterstadt, in der die meisten Lokale und Geschäfte zu finden sind, und mit der ruhigeren, fast museal anmutenden Oberstadt mit ihren historischen Prachtbauten zwei ganz unterschiedliche Gesichter.

Rund um das Pfalzgrafenschloss

Eine Erkundungsrunde starten wir am besten am Fuß der Altstadt an der Donaubrücke. Wer gerne fröstelt, der kann hier alljährlich am letzten Januarwochenende das größte Winterschwimm-Event Europas beobachten. Tausende Schwimmer kämpfen sich auf der vier Kilometer langen Strecke durch die eiskalten Donaufluten. Angenehmer ist da schon das traditionelle Fischerstechen im Mai. Fischerkönig wird, wer die meisten Kontrahenten mit einer Lanze vom gegnerischen Boot ins Wasser bugsiert.

Vom Elisenplatz am Altstadtende der Donaubrücke steigen wir auf der kopfsteingepflasterten Gasse steil durch das Untere Tor zur Amalienstraße hinauf. Links ragt eindrucksvoll das mächtige Renaissanceschloss in den Himmel. Mitte des 16. Jahrhunderts ließ Pfalzgraf Ottheinrich eine mittelalterliche Burg zu einer repräsentativen Schlossanlage umbauen. Mit ihren Rundtürmen und Palastflügeln, die einen unregelmäßigen Innenhof einfassen, gehört sie zu den bedeutendsten Schlossbauten der Frührenaissance in Deutschland. Am Durchgang zum Innenhof liegt links die Schlosskapelle. 1543 im lutherischen Glauben geweiht, gilt sie als ältester protestantischer Kirchenbau weltweit. Über der für den Herrscher erbauten Empore erstrahlen die berühmten Fresken, die 1543 vom Salzburger Kirchenmaler Hans Bocksberger im

↑ Der mit Arkaden und Sgraffitoputz verzierte Schlosshof

← Das mächtige Renaissanceschloss spiegelt sich auf der Donau.

Sinne des neuen Glaubens gestaltet wurden. Wenige Schritte sind es von der Kapelle zum wundervollen Schlosshof, der mit seiner unregelmäßigen Form und den malerischen Arkaden einen besonderen Zauber ausstrahlt. Magisch angezogen werden hier die Blicke von der in Sgraffitotechnik – einer Art Kratzputz – von Hans Schroer um 1560 gestalteten Fassade des Westflügels. Der barocke Ostflügel, der mit seinen mächtigen Rundtürmen die Stadtsilhouette von Neuburg beherrscht, wurde 1665 von Pfalzgraf Philipp Wilhelm erbaut. Dort ist das Museum »Fürstentum Pfalz-Neuburg« untergebracht, gegenüber im Westflügel zeigt eine Zweigstelle der Staatsgalerie herausragende Kunstwerke der flämischen Barockmalerei, unter anderem Bilder von Rubens und van Dyck.

Rund um den Karlsplatz

Vom Schloss aus kann man die malerischen Seitengassen der Altstadt von Neuburg erkunden. Die wichtigsten Sehenswürdigkeiten liegen aber an der Amalienstraße, die von Tor zu Tor die Oberstadt durchzieht. Sie bringt uns schnell zum Karlsplatz mit dem barocken Marienbrunnen, der von der Hofkirche, wundervollen Barock- und Renaissancefassaden und schattigen Linden eingerahmt wird. Die prunkvolle Hofkirche wurde in der ersten Hälfte des 17. Jahrhunderts erbaut. Das Original des von Rubens gemalten Hochaltarbildes befindet sich heute in der Alten Pinakothek in München. Die ebenfalls von Rubens gemalten Nebenaltarbilder kann man nebenan in der Zweigstelle der Staatsgalerie im Neuburger Schloss bewundern. Neben der Hofkirche findet man am Karlsplatz bemerkenswerte Profanbauten wie das frühbarocke Rathaus, die Provinzialbibliothek mit der sehenswerten Rokokofassade und dem prächtigen Bibliothekssaal oder das Thurn- und Taxishaus mit herrlicher Barockfassade.

Lage/Einwohnerzahl Die 29 600-Einwohner-Stadt Neuburg liegt westlich von Ingolstadt an der Donau.

Highlights Das Renaissanceschloss mit Innenhof, Schlosskapelle und der Gemäldegalerie; die Altstadt mit Hofkirche, Rathaus, Provinzialbibliothek, Stadtpfarrkirche und Rotem Tor

Tipp In der Altstadt nahe dem Roten Tor verwöhnt das individuell gestaltete Bio-Hotel-Restaurant Aussicht seine Gäste mit Donaublick.

Informationen neuburg-donau.de

Abwärts zur Donau

Die Amalienstraße führt uns zur barocken Stadtpfarrkirche St. Peter, deren Wurzeln bis ins 7. Jahrhundert zurückreichen. Wenige Schritte weiter liegt links das malerische Plätzchen In der Münz. Die unterschiedlichen Gebäude rund um die ehemalige Stadtmünze werden vom Hexenturm überragt, der an die mittelalterliche Stadtburg erinnert. Die Amalienstraße führt anschließend durch das fotogene, 1530 erbaute Obere oder auch Rote Tor genannte Stadttor zur barocken Studienkirche hinab. Hier kann man im Rechtsbogen über den Frauenplatz und auf der malerischen Vorstadtgasse Oberes Brandl das Donauufer erreichen. Zwischen Fluss und Stadthügel geht es schließlich über den malerischen Nachtbergweg zurück zum Elisenplatz an der Donaubrücke. Zum Abschluss kann man durch die lebhafte Untere Stadt schlendern oder in einem der Cafés am Donauufer einkehren.

➔ Die prächtige Hofkirche am Karlsplatz

32 Eichstätt

Bischofsstadt an der Altmühl

An einer Flussschlinge der Altmühl, die sich tief in die Jurafelsen der Fränkischen Alb eingeschnitten hat, liegt am Fuß der Willibaldsburg die alte Bischofsstadt Eichstätt. Das bezaubernde Landschaftsbild mit gemächlich dahinfließendem Fluss und steilen, felsdurchsetzten Hängen bildet hier einen überaus reizvollen Kontrast zur mittelalterlich-barocken Altstadt. Und Eichstätt trumpft nicht nur mit einer weit zurückreichenden Stadtgeschichte auf, sondern einmalige Funde aus den Steinbrüchen der Gegend erzählen vom Leben vor über 100 Millionen Jahren.

Willibald, Wunibald und Walburga

Schon Kelten und Römer nutzten jene Altmühl-Furt, an der sich Eichstätt zu einem frühen Siedlungszentrum entwickelte. Um 740 gründete hier der heilige Willibald, der zusammen mit seiner Schwester Walburga und seinem Bruder Wunibald die Region missionierte, ein Kloster. Nur wenige Jahre später weihte der heilige Bonifatius Willibald zum Bischof und ein erster Dom wurde gebaut. Im 9. Jahrhundert wurden die Gebeine der heiligen Walburga zum Ziel einer bedeutenden Wallfahrt und schon im

10. Jahrhundert erhielt Eichstätt weitgehende Privilegien. Eine erste Stadtmauer entstand, die noch recht eng um das Domviertel läuft. Im 11. Jahrhundert wurden die Stadtrechte bestätigt und die erste Bischofskirche wurde durch einen frühromanischen Dom ersetzt. Eine lange Phase des Wachstums und Wohlstands bestimmte in den nächsten Jahrhunderten die Stadtgeschichte. In dieser Zeit entstanden mehrere Klöster und der Dom wurde durch einen gotischen Neubau ersetzt. Auf dem die Altmühlschlinge beherrschenden Bergkamm wurde die Willibaldsburg erbaut und später zum Renaissanceschloss umgebaut. Das Bürgertum kam vor allem durch den Tuchhandel zu Wohlstand, neue Vorstädte entstanden und wurden mit erweiterten Mauerringen in die Stadtbefestigung integriert.

Mit dem Dreißigjährigen Krieg fand die Zeit des steten Aufschwungs ein jähes und grausames Ende. Der Pest fielen zahlreiche Bewohner zum Opfer und in den Jahren 1633 und 1634 wüteten die Schweden und zerstörten große Teile der Stadt. Ab 1670 begann der Wiederaufbau der fürstbischöflichen Residenzstadt, der bis heute das heiterbarocke Bild von Eichstätt bestimmt. Herausragende Baumeister wie Gabriel di Gabrieli oder Jakob Engel errichteten Kirchen, Klöster und Palais und so manches Bürgerhaus erhielt ein Lifting im Stil von Barock und Rokoko.

Der Dom des heiligen Willibald

Den Besuch in Eichstätt beginnen wir mit der Besichtigung des Doms, der bedeu-

↑ St. Willibald wacht über den Marktplatz.
← Über die Altmühl geht der Blick zum Kloster St. Walburga.

RAIM.ANTONIVS
EX COMIT.

tendsten Sehenswürdigkeit der Stadt. Bei Ausgrabungen stieß man auf die Reste der ersten Bischofskirche aus dem 8. Jahrhundert. Das heutige Gotteshaus entstand großteils im Mittelalter und ist vom Stil der Gotik geprägt. Nur dem Westchor wurde von Gabriel di Gabrieli eine monumentale Barockfassade vorgeblendet. Durch das reich verzierte gotische Hauptportal am Domplatz betreten wir das Kirchenschiff, in dem es zahlreiche meisterhafte Kunstwerke zu bestaunen gibt. Im Westchor, dem sogenannten Willibaldchor, enthält der Willibaldsaltar die Gebeine des Bistumsgründers, der auf der Rückseite des Altars in einer 1514 entstandenen Sitzfigur meisterlich dargestellt wird. Wie zahlreiche Votivbilder bezeugen, war die Siboto-Madonna von 1297 einst das Ziel zahlreicher frommer Pilger. Vorbei an den Seitenkapellen, die ebenfalls von bemerkenswerten Kunstwerken geschmückt werden, erreicht man das Querhaus. Links ragt das wohl bedeutendste Kunstwerk im Dom, der Pappenheimer Altar, 11 Meter in die Höhe. Die figurenreichen Szenen sind mit unglaublicher Detailgenauigkeit in den Kalkstein gemeißelt. Gestiftet wurde er 1479 von Kaspar Marschall von Pappenheim aus Dankbarkeit für seine glückliche Rückkehr von einer Pilgerreise ins Heilige Land. Im rechten Querhaus kann man die beliebteste Figur im Dom bewundern, die 1480 erschaffene Buchenhüller Madonna. Hat man sich genug umgesehen, erreicht man vom Kirchenschiff aus das Mortuarium, die um 1500 erbaute Grablege des Domkapitels. Sehenswert sind hier die beiden auffällig gewundenen Säulen und die farbenfrohen Glasfenster, die nach Entwürfen von Hans Holbein dem Älteren gestaltet sind. Vom Mortuarium kann man noch einen Blick in den anschließenden gotischen Kreuzgang werfen.

Zum Heiligen Grab

Zurück am Domplatz wenden wir uns nach links Richtung Altmühl und können nach wenigen Schritten die imposante barocke Westfassade des Doms bewundern. Links geht's zum nahen Residenzplatz, der zu den schönsten Barockplätzen in Deutschland zählt. Rund um den Marienbrunnen wurden von Gabriel di Gabrieli zahlreiche Barockpalais errichtet. An der Nordseite des Platzes liegt die Fürstbischöfliche Residenz mit den malerischen barocken Wachhäuschen am Portal. Das Innere besticht mit prachtvollem Treppenhaus und dem Rokokospiegelsaal. Vorbei an weiteren sehenswerten Barockgebäuden führt uns der Weg zur nahen Schutzengelkirche. Das Gotteshaus wurde Anfang des 17. Jahrhunderts vom Jesuitenorden erbaut und besticht mit herausragenden barocken Kunstwerken wie der Kanzel und dem Hochaltar. Nicht weniger

↑ Der Hochaltar im Eichstätter Dom
← Der barocke Marienbrunnen auf dem Residenzplatz

als 567 Engelsdarstellungen machen dem Namen der Kirche alle Ehre.

Folgt man neben der Kirche kurz der Ostenstraße, erreicht man links über den Kardinal-Preysing-Platz die Klosterkirche Notre Dame du Sacré Coeur, die mit ihrer freskengeschmückten Kuppel zu den schönsten Barockkirchen in Eichstätt zählt. Heute ist in der Kirche das interessante Informationszentrum Altmühltal untergebracht. Von dort gehen wir zurück Richtung Schutzengelkirche und biegen dann scharf links in die Gottesackergasse, die uns zum Ostenfriedhof bringt. Wir halten uns rechts und bleiben immer nahe der südlichen Friedhofsmauer. Vorbei am prächtigen Grab des Barockbaumeisters Gabriel di Gabrieli erreichen wir das Kapuzinerkloster. Es wurde anstelle eines mittelalterlichen Benediktinerklosters im 17. Jahrhundert erbaut. Einziges Überbleibsel des alten Klosters ist die Nachbildung des heiligen Grabes, die aus dem 12. Jahrhundert stammt. Es vermittelt ein originalgetreues Bild vom Heiligen Grab in Jerusalem, wie es im Mittelalter aussah.

Vom Kloster führt uns der Weg schließlich schräg über die Ostenstraße zur barocken Sommerresidenz der Fürstbischöfe. Durch den wunderschönen Barockgarten mit seinen bezaubernden Pavillons schlendern wir zu den Parkanlagen an der Altmühl und im Linksbogen zurück zur Schutzengelkirche.

Durch die Bürgerstadt zur heiligen Walburga

Von der Schutzengelkirche folgen wir der Luitpoldstraße und biegen an der ehemaligen Dominikanerkirche links in die Marktgasse. Im Viertel zur Linken kann man ganz schmale Altstadtgassen erkunden. Wir folgen aber der als Fußgängerzone ausgewiesenen Marktstraße zum weiten Marktplatz, auf dem der barocke Willibaldsbrunnen plätschert. Eingerahmt wird der Platz von Häusern, deren barocke Fassaden das Gefühl von wohlhabendem Bürgerstolz vermitteln. Das im 19. Jahrhundert erbaute Rathaus wird vom gotischen Turm des mittelalterlichen

↑ Im gotischen Kreuzgang am Eichstätter Dom
← Prächtige Bürgerhäuser fassen den Marktplatz ein.

Rathauses überragt und daneben vermittelt der Gebäudekomplex »Im Paradeis« noch ein wenig Mittelalterflair.

An seiner Nordseite verengt sich der Marktplatz zu einer Gasse und geht in die Westenstraße über. Schon nach kurzer Strecke steigen wir auf einem Treppenweg zum Kloster St. Walburga hinauf. Seit dem Jahr 875 ruhen hier die Gebeine der heiligen Walburga, die seit 1000 Jahren beliebtes Pilgerziel sind. Vom Turm der barocken Klosterkirche wacht eine goldene Walburga-Statue über die Stadt und ein überdachter Treppengang führt hinauf zum Kirchenportal. Das Innere besticht durch die zurückhaltend elegante, barocke Innenausstattung mit den Fresken, die aus dem Leben der Namenspatronin erzählen. Der Hochaltar mit dem Monumentalgemälde der Familie der Heiligen und der filigrane Nonnenchor mit den Butzenscheiben sind weitere Höhepunkte. Vorbei am Hochaltar oder über die Treppenanlage am Klosterhof gelangt man in die Gruftkapelle. Das Grab mit den Reliquien der Heiligen Walburga entstand in der heutigen Form Mitte des 15. Jahrhunderts. Auf einem Sims stehen die Statuen der heiligen Walburga und ihrer Familie. Unter dem Grabmal wird das Walburgisöl aufgefangen, das heilbringende Wirkung haben soll.

Altstadtgassen und Archäopteryx

Von der Klosterkirche spazieren wir wieder zurück Richtung Stadtmitte und folgen an der Gabelung vor dem Marktplatz der Pfahlstraße in die malerische Altstadt. Rechts und links laden kurze Seitengassen zu kleinen Entdeckungen ein. Wer zum Abschluss zur Willibaldsburg hinaufwandern will, biegt rechts in die Herzoggasse. Auf dem nahen Herzogsteg überquert man die Altmühl, an der reizvolle Wege entlangführen. Geradewegs geht es über den Franz-Xaver-Platz und den geschäftigen Bahnhofsplatz zur Burgstraße, die zur Willibaldsburg hinaufführt. Oben lockt das in der Burg eingerichtete Jura-Museum mit zahlreichen rund um Eichstätt gefundenen Versteinerungen und weiteren Informationen zum tropischen Jurameer. Unter anderem kann man hier den berühmten Urvogel Archäopteryx bestaunen.

Lage/Einwohnerzahl Die Bischofsstadt Eichstätt liegt im Altmühltal und zählt 13 400 Einwohner.

Highlights Die Bischofsstadt mit Dom und Residenz; die Abteikirche St. Walburg, die Schutzengelkirche, die Heilig-Kreuz-Kirche; die Klosterkirche Notre Dame mit Info-Zentrum; die Willibaldsburg mit Jura-Museum

Tipp Beste Sicht auf den Marktplatz bietet das in einem historischen Gebäude untergebrachte Café im Paradeis.

Informationen eichstaett.de

33 Wasserburg

Mittelalterperle in der Flussschleife

Wasserburg steht auf der Liste der schönsten historischen Städte in Oberbayern ohne jeden Zweifel ganz weit oben. Schon die reizvolle Lage in einer engen Flussschleife des Inns begeistert jeden, der von der »Schönen Aussicht« am südlichen Hochufer auf die Altstadt blickt. Da Wasserburg schon ab dem 16. Jahrhundert durch geänderte Handelswege ins wirtschaftliche Abseits geriet, blieb die mittelalterliche Altstadt fast unverändert erhalten. Das Pech von damals ist das Glück von heute. Die engen Gassen und die weiten Plätze mit den bunten Hausfassaden schicken die Besucher auf eine wundervolle Zeitreise zurück ins Mittelalter.

Der Hafen Münchens

Erstmals urkundlich erwähnt wurde Wasserburg im 11. Jahrhundert. Unter Hallgraf Engelbert entstanden um 1200 die Burg, die den schmalen Zugang zur Halbinsel sicherte, die Innbrücke und eine Mautstation. Alle Vorbedingungen für eine erfolgreiche Zukunft als mittelalterliche Handelsdrehscheibe waren nun gegeben. Die schmale Landzunge, auf der die Stadt liegt, war bestens zu verteidigen. Auf der weit und breit einzigen Brücke über den Inn konzentrierte sich der immens wichtige Salzhandel und gleichzeitig profitierte die Stadt vom Fernhandel auf dem Inn, auf dem im Mittelalter

↑ Bunte Häuserfront im Inn-Salzach-Stil an der Hofstatt
← Die Altstadt liegt in einer engen Flussschleife des Inns.

der Warenaustausch zwischen der Donauregion und Italien abgewickelt wurde. Schon Anfang des 13. Jahrhunderts entstand ein erster Befestigungsring und Wasserburg erhielt wohl in dieser Zeit auch die Stadtrechte. 1248 ging Wasserburg in den Besitz der Wittelsbacher über, die fortan zu den großen Förderern der Stadt wurden.

Im 14. Jahrhundert erhielt Wasserburg von Kaiser Ludwig dem Bayern weitgehende Privilegien im Salzhandel und nach dem verheerenden Stadtbrand von 1339 förderte er den Wiederaufbau. Es entstand der planvoll angelegte mittelalterliche Grundriss, der bis heute das Stadtbild prägt. Die Kirchen und das Rathaus wurden im Stil der Gotik wiederaufgebaut. Die im sogenannten Inn-Salzach-Stil errichteten Bürgerhäuser erhielten ihre typischen waagrechten Fassadenabschlüsse, die ganze Gebäudegruppen mit einer geschlossenen Straßenfront zusammenfassen. Die Stadtmauer wurde verstärkt, es entstanden neue Tore und die Burg wurde durch ein Schloss ersetzt.

Einen schweren wirtschaftlichen Rückschlag erlebte Wasserburg durch den Verlust des Salzstapelprivilegs im Jahre 1504, das Herzog Albrecht IV. als Rache für die mangelnde Unterstützung im Landshuter Erbfolgekrieg auf Rosenheim übertrug. Doch die zweite Wohlstandsquelle blieb erhalten, der Fernhandel auf dem Inn. Wasserburg galt als die Hafenstadt von München, über die der Handel mit Getreide und Wein, mit Stoffen und Luxusgütern abgewickelt wurde. Dank seiner Lage und seiner starken Mauern nie erobert, blieb Wasserburg bis zum Ende des Flusshandels im 19. Jahrhundert eine wohlhabende Stadt. Erst mit den neuen Verkehrswegen für Bahn und Auto

geriet Wasserburg ins wirtschaftliche Abseits, das bis heute das unverfälschte Stadtbild bewahrt hat.

Rund um die Innbrücke

Unsere kleine Entdeckungstour ins Mittelalter starten wir auf dem Marienplatz, der von der Staffelgiebelfassade des gotischen Rathauses beherrscht wird. Es wurde Mitte des 15. Jahrhunderts erbaut und konnte sich trotz späterer Ergänzungen sein mittelalterliches Aussehen bewahren. Gegenüber zieht das Kernhaus die Blicke auf sich, das nach der einstigen Besitzerfamilie benannt ist. Dem Gebäude ist noch anzusehen, dass es aus mehreren mittelalterlichen Gebäuden zusammengefügt wurde. Verbindende Klammer ist die wundervolle, mit kunstvollem Stuck und filigranen Erkern geschmückte Barockfassade, die wohl von der Werkstatt von Johann Baptist Zimmermann ausgeführt wurde. Vorbei am Rathaus erreicht man nach wenigen Schritten die Frauenkirche. Der Turm des im 14. Jahrhundert erbauten und später barock überprägten Gotteshauses wurde um 1500 erhöht und diente von da an als Stadtwachturm.

Vorbei an alten Bürgerhäusern biegen wir nach wenigen Schritten links in die Bruckgasse. Das erste Gebäude zur Rechten ist das Alte Mauthaus, in dem im Mittelalter der Zolleintreiber seinen Sitz hatte. Ab 1500 übernahm diese Funktion das Neue Zollhaus, das schräg gegenüber an der Ecke Schmidzeile/Schustergasse steht. Auf dem Weiterweg zur nahen Innbrücke liegt auf der rechten Seite das im 14. Jahrhundert gegründete Heilig-Geist-Spital, in dem über 600 Jahre lang bedürftige Bürger versorgt wurden. Durch das Brucktor treten wir schließlich aus der schattigen Altstadtgasse hinaus auf die Innbrücke, deren erster Vorgänger wohl um das Jahr 1200 erbaut wurde. Das zinnenbekrönte gotische Brucktor ist mit einem Renaissancefresko geschmückt. Wenn man auf der Brücke ein gutes Stück auf den Fluss hinausgeht, ist das gesamte wundervolle Ensemble der Wasserburger Altstadt zu überblicken.

Bunte Fassaden

Zurück in der Altstadt könnte man links auf der Schmidzeile einen Abstecher zum Herzoglichen Schloss unternehmen, das aber nicht zu besichtigen ist. Deshalb wechseln wir von der Bruckgasse schräg nach links in die Schustergasse, die uns in die wundervoll bunten Altstadtgassen führt. Bald ist die imposante gotische Stadtpfarrkirche St. Jakob erreicht. Im Inneren zieht vor allem die berühmte barocke Eichenholzkanzel der Gebrüder Zürn die Blicke auf sich. Weiter geht es auf der Schustergasse zur breiten Lederzeile, der Haupteinkaufsstraße in der Altstadt von Wasserburg. Auf ihr schlendern wir nach rechts zum Hofstatt genannten Platz. Links reckt sich fotogen der Rote Turm in den blauen Himmel. Er wurde im 14. Jahrhundert erbaut. Westlich schließt ein Abschnitt der Stadtmauer an, die einst ganz Wasserburg umgab. Wir folgen nun der Salzsenderzeile, die ihren Namen dem Salzhandel verdankt, nach rechts. Vor dem Rathaus biegen wir nach rechts in die Herrengasse, die mit den gemütlichen Laubengängen, in denen die auf dem Inn transportierten Waren angeboten wurden, und den bunt leuchtenden Hausfassaden jedes Fotografenherz höher schlagen lässt. In zwei gotischen Patrizierhäusern ist dort das interessante Museum Wasserburg untergebracht.

Lage/Einwohnerzahl Wasserburg liegt nördlich von Rosenheim in einer Innschleife und hat 12 700 Einwohner.

Highlights Die geschlossen erhaltene Altstadt mit Bürgerhäusern im Inn-Salzach-Stil, Rathaus, Frauenkirche, Brucktor, Schloss, Stadtpfarrkirche, Rotem Turm und dem interessanten Museum Wasserburg

Tipp Erste Adresse ist das zentral, aber doch ruhig, nahe dem Rathaus gelegene Hotel Fletzinger.

Informationen wasserburg.de

↑ Der Turm der Frauenkirche überragt den Marienplatz.
← Durch das Brucktor gelangt man auf die Innbrücke.

↑ Bunte Hausfassaden fassen die Herrengasse ein.

34 Tittmoning

Salzburg gegen Bayern

Kaum beachtet liegt ganz im Osten Oberbayerns am Ufer der Salzach das Landstädtchen Tittmoning. Es gehört zum Rupertiwinkel, jenem Teil Oberbayerns, der nach dem Salzburger Stadtheiligen Rupert benannt ist. Bis in napoleonische Zeit gehörte diese Region nämlich zum Territorium des Hochstifts Salzburg. Wenn man sich auf dem herrlichen, weiten, von bunten Hausfassaden und zwei Stadttoren eingefassten Stadtplatz von Tittmoning umblickt oder zur imposanten mittelalterlichen Burg mit den interessanten Museen hinaufsteigt, fragt man sich verwundert, warum Tittmoning so wenig beachtet und so selten besucht wird. Aber vielleicht macht es ja gerade den besonderen Reiz aus, dass man sich hier fast ein bisschen als Entdecker von touristischem Neuland fühlen kann.

Im Zeichen Salzburgs

Im Schutz einer mittelalterlichen Burg entwickelte sich auf einer Hochterrasse über der Salzach der Ort Tittmoning. 1229 wurde er Teil des Erzbistums Salzburg, erhielt in der ersten Hälfte des 13. Jahrhunderts die Stadtrechte und der Bau der starken Stadtbefestigung begann, der erst im 14. Jahrhundert abgeschlossen war. Die Burg wurde verstärkt und in die Verteidigungsanlagen integriert. Salzburg wollte damit ein kraftvolles Gegengewicht zu Burghausen setzen, dessen Burg immer mehr in die Länge wuchs. Es galt, den Handelsweg auf der Salzach zu schützen, auf der vor allem das Salz von den Salzburger Bergwerken transportiert wurde. Über die Jahrhunderte blieb Tittmoning so eine wichtige Stadt im Herrschaftsbereich des Salzburger Hochstifts. Dies änderte sich, als der Salzburger Kirchenstaat 1805 im Zeichen der Säkularisation aufgelöst wurde und 1810 Tittmoning an Bayern fiel. Die Stadt rückte in eine Randlage und verlor ihre einstige Bedeutung.

Vom Stadtplatz zur Burg

298 Meter lang und bis zu 60 Meter breit – das sind die imposanten Maße des Stadtplatzes von Tittmoning, der sicherlich zu den schönsten in Oberbayern zählt. Doch nicht nur die Dimensionen begeistern, sondern auch die nahezu geschlossen erhaltene historische Bebauung. Wie eine Wand stehen die bunten Bürgerhäuser mit ihren typischen, im Inn-Salzach-Stil erbauten Fassadenfronten rund um den Platz. Unterbrochen wird die Häuserreihe im Norden vom Burghauser Tor und im Süden vom Laufener Tor, die beide Teil der auf weiter Strecke erhaltenen mittelalterlichen Stadtbefestigung sind. Mehrere Statuen und Brunnen strukturieren den Platz. Der barocke Floriansbrunnen

↑ Büsten römischer Kaiser verzieren das Rokokorathaus.

← Schmucke Häuserzeilen im Inn-Salzach-Stil am Stadtplatz

↑ Mehrere Brunnen schmücken den Stadtplatz.

wird von der Rokokoprunkfassade des Rathauses überragt, die mit den Büsten römischer Herrscher verziert ist.

Vom Stadtplatz steigen wir, vorbei an der im Kern gotischen Stadtpfarrkirche, auf der Stiftgasse und auf dem Papst-Benedikt-Weg hinauf zur imposanten mittelalterlichen Burg. Anfang des 17. Jahrhunderts ließen sie Salzburger Bischöfe zum Jagdschloss umbauen. In der Burg zeigt das Museum Rupertiwinkel seine umfangreichen Sammlungen und im Gerbereimuseum kann man selbst Hand anlegen.

Lage/Einwohnerzahl Das 5800-Einwohner-Städtchen Tittmoning liegt südlich von Burghausen an der Salzach.

Highlights Der von zwei Toren bewachte Stadtplatz mit Bürgerhäusern im Inn-Salzach-Stil und dem Rokokorathaus; die Burg Tittmoning mit verschiedenen Museen und Ausstellungen

Tipp Neben dem schönen Café-Restaurant NoProblem gibt es am Stadtplatz von Tittmoning noch weitere empfehlenswerte Cafés und Gaststätten.

Informationen tittmoning.de

↑ Die Burg beherbergt mehrere Museen.
← Hoch über der Stadt ragt die Burg in den Himmel.

35 Burghausen

Im Schatten der Rekordburg

Mit seiner mittelalterlichen Burg – der längsten weltweit – und der bezaubernden Altstadt bietet Burghausen ein einzigartiges Stadtpanorama. Den schönsten Blick hat man vom Aussichtspunkt am Salzachstüberl auf der österreichischen Hochterrasse. Die Mauern und Türme der Burg ziehen sich auf dem Bergkamm in die Länge und in der Altstadt mit ihren langen Giebelreihen setzt der Turm der Stadtkirche ein elegantes Ausrufezeichen. Besonders abends, wenn die Sonne hinter der Burg versinkt und nach und nach Stadt und Burg in künstliches Licht getaucht werden, erliegt man unweigerlich dem Reiz dieser formatsprengenden Stadtansicht.

Herzogsburg und Bürgerstadt

Urkundlich erwähnt wurde Burghausen erstmals 1025 und im 11. Jahrhundert erbauten die Grafen von Burghausen eine erste Burg. 1180 fielen die Burg und der Ort an die Wittelsbacher. 1235 erhoben sie den wichtigen Zoll- und Marktort, der seine Bedeutung vor allem dem Salztransport auf der Salzach verdankte, zur Stadt. Die Keimzelle der Stadt, die rund um die Jakobskirche lag, wurde im 13. Jahrhundert durch den großzügig geplanten Stadtplatz erweitert. Nach der Landesteilung Mitte des 13. Jahrhunderts ließ Heinrich XIII., der in Landshut residierende Herzog der niederbayerischen

Linie, die Burg von Burghausen zur Nebenresidenz ausbauen. Ab 1300 wuchs die Stadt am Fluss entlang nach Süden bis zur Spitalsvorstadt und die Befestigungen mussten mehrmals erweitert werden.

Die Burg, in der bald der Staatsschatz der Wittelsbacher verwahrt wurde, wuchs in den folgenden zwei Jahrhunderten von Vorhof zu Vorhof. Schließlich erhielt die ganze Anlage unter Herzog Georg dem Reichen Ende des 15. Jahrhunderts ihr heutiges Aussehen. Nur wenige Jahre später verloren im Jahr 1505 die Burg und Burghausen ihre herausragende Stellung. Die beiden Landesteile Nieder- und Oberbayern wurden vereinigt und der Herrschaftsmittelpunkt verschob sich ins weit entfernte München. Burghausen blieb zwar noch wichtiger Verwaltungsort, doch der einträgliche Salzhandel verlor immer mehr an Bedeutung. Als 1779 Bayern das Innviertel an Österreich abtreten musste, rückte die Stadt in eine wirtschaftlich problematische Randlage. Im 20. Jahrhundert begann eine zweite Blütezeit mit der hier angesiedelten chemischen Industrie, die durch die reichlich vorhandene, aus Wasserkraft gewonnene Energie angelockt wurde.

Rund um den Stadtplatz

Zentrum der Altstadt und Ausgangspunkt für unsere Tour durch Burghausen ist der herrlich weite Stadtplatz. Wie in so vielen Städten der Region zeigen auch hier die Altstadthäuser die für den Inn-Salzach-Stil ty-

↑ Der Stadtplatz wird von prächtigen Fassaden eingerahmt.
← Durch einen Torbogen gelangt man in die Gasse In den Grüben.

pischen, waagrecht abschließenden Blendfassaden. Der Eyecatcher am Stadtplatz ist das Mitte des 16. Jahrhunderts erbaute ehemalige Regierungsgebäude mit den filigranen Renaissancetürmchen. Die blau gestrichene barocke Prunkfassade und das kurbayerische Wappen entstanden im 18. Jahrhundert. Wir erkunden nun erst einmal den oberen Bereich des Stadtplatzes. Vorbei an der Bruckgasse erreichen wir das Institut der Englischen Fräulein mit der Schutzengelkirche, deren Fassade sich bescheiden in die Häuserfront einreiht. Wenige Schritte nach dem Rokokokirchlein begeistert die herrliche Rokokofassade des Taufkirchen-Palais mit ihrem feinen Stuck. Am Nordende geht der Stadtplatz in die Kanzelmüllerstraße über. Sie endet vor der schönen Barockfassade der Jesuitenkirche St. Josef, in der heute Ausstellungen stattfinden.

↑ Hoch über der Altstadt ragt die Burg in den Himmel.
→ Über der Salzach und der Altstadt zieht sich die Burg.

Über den Stadtplatz geht es jetzt, vorbei am barocken Löwenbrunnen und am im Kern mittelalterlichen Rathaus, zur imposanten Stadtpfarrkirche St. Jakob. Ihr fast 80 Meter hoher Turm reicht bis in die Höhe der Burg hinauf. Eine romanische Vorgängerkirche wurde nach dem Stadtbrand von 1353 durch die mächtige gotische Basilika ersetzt und ab 1470 entstand der Turm. Am Kirchplatz beginnt die malerische Messerzeile, die wohl zu den ältesten Gassen in Burghausen zählt.

Jazzgrößen am Weg zur Wöhr

Wir steigen aber vom Kirchenpodest zur Straße hinab, die zum Innufer führt. Wie der Name Salzlände schon vermuten lässt, landeten hier in früher Zeit die mit Salz beladenen Schiffe an. Noch vor dem Ufer biegen wir aber rechts durch den Torbogen in die Fußgängerzone. In den Grüben heißt die malerische enge Gasse, in der man viele kleine Geschäfte und schöne Plätze zum Verweilen findet. Ins Pflaster eingelassen sind Bronzeplatten mit den Namen zahlreicher Jazz-Größen, die bei den alljährlich veranstalteten Burghausener Jazztagen aufgetreten sind. Am Ende der Grüben gabelt sich die Straße. Links erreicht man nach wenigen Schritten die gotische Heilig-Geist-Kirche, in der man schöne Renaissancefresken findet. Wir folgen nun der Mautnerstraße nach rechts zur nächsten Gabelung. Geht man noch kurz geradeaus, hat man einen besonders schönen Blick an bunten Hausfassaden vorbei hinauf zur Hauptburg. Wir biegen aber rechts in die Wöhrgasse, die uns zur mittelalterlichen Stadtmauer führt. Links läuft ein Wehrgang hinauf zum mächtigen Pulverturm und geradeaus gelangen wir durch das Wöhrtor zum Wöhrsee mit dem bezaubernd gelegenen Freibad. Der See

ist der letzte Rest einer alten Salzachschleife, der der Burgberg seine schmale, lang gestreckte Form verdankt.

Lang, länger am längsten

Ein steiler Weg führt uns vom Wöhrsee hinauf zum dritten Hof der weltweit längsten Burg. Über sechs Höfe mit zwischengeschalteten Wehranlagen zieht sich die Anlage über einen Kilometer in die Länge. Eine genauere Beschreibung würde ein ganzes Buch füllen. Hält man sich links, erreicht man, vorbei an der bezaubernden gotischen Hedwigskapelle, das mächtige Bollwerk, das die komplette Anlage zur Hochfläche hin absichert. Rechts geht es zur imposanten Hauptburg mit der herzöglichen Schatzkammer am malerischen Burghof. Man sollte sich eine Führung durch die bestens erhaltenen mittelalterlichen Räume und die wundervolle Schlosskapelle nicht entgehen lassen. Vom zweiten Burghof steigen wir auf einem aussichtsreichen Fußweg und durch das enge Geistwirtgassl wieder zum Stadtplatz hinab.

Lage/Einwohnerzahl Burghausen liegt im östlichen Oberbayern an der Salzach und hat 18 800 Einwohner.

Highlights Die Altstadt rund um den Stadtplatz mit Stadtpfarrkirche; die Altstadtgasse In den Grüben; die Heilig-Geist-Kirche; die riesige Burganlage

Tipp Am Stadtplatz verwöhnt das Hotel Post seine Gäste mit preisgekrönter Küche und stilvollen Zimmern in einem 500 Jahre alten Haus.

Informationen visit-burghausen.com, burg-burghausen.de

36 Landshut

Die mittelalterliche Residenzstadt

Im Tal der Isar liegt die alte Herzogsstadt Landshut und begeistert jeden Besucher mit einer der schönsten Altstädte in Deutschland. Vor allem die Gotik und die Renaissance haben in Landshut ihre Spuren hinterlassen. Die für damalige Verhältnisse riesige Altstadt mit ihren geschlossen erhaltenen Fassadenfronten, die vom höchsten Backsteinkirchturm der Welt und von der wuchtigen Herzogsburg Trausnitz überragt werden, hat das eindrucksvolle Bild von Macht und Reichtum aus seiner mittelalterlichen Blütezeit in die heutige Zeit herübergerettet. An diese Zeit erinnert die Landshuter Hochzeit, ein über Wochen dauerndes Historienspektakel, das heutzutage Besucher aus der ganzen Welt anlockt. Es findet alle vier Jahre statt und zeigt die Hochzeit der polnischen Königstocher mit dem bayerischen Herzogssohn Georg dem Reichen, die im Jahre 1475 in Landshut stattfand. Tausende Gäste aus den höchsten Kreisen des Reiches feierten damals rund um den Brautzug, der durch die ganze Stadt führte, mit Gelagen, Tanz und Ritterturnieren eines der größten Feste des Mittelalters. Kaum weniger imposant ist der nachgestellte Brautzug, den über 2000 Landshuter Bürger in historischen Kostümen begleiten. Das Rahmenprogramm bieten unter anderem Reiter- und Ritterspiele, nächtlicher Mummenschanz auf der Burg, ein Festspiel, historisches Lagerleben, Mittelaltermärkte und vieles mehr.

Residenzstadt der Herzöge

Landshut entstand an einem wohl von alters her genutzten Übergang über die Isar, die hier durch eine Insel in zwei schmalere Flussarme geteilt wird und damit leichter zu überbrücken ist. 1204 gründete an diesem wichtigen Verkehrsknotenpunkt der Wittelsbacher-Herzog Ludwig der Kelheimer die Stadt und ließ zur gleichen Zeit Burg Trausnitz erbauen. Keimzelle der Stadt war der Bereich am Fuß der Burg rund um die Martinskirche. Von hier aus begann eine rasante Stadtentwicklung und innerhalb weniger Jahrzehnte verband der Altstadt genannte Straßenzug den alten Stadtkern mit dem am Isarufer gelegenen Heiliggeistspital. Auf der Isarinsel entstand der Stadtteil »Zwischen den Brücken« und am linken Isarufer gründete die Herzogswitwe Ludmilla Kloster Seligenthal, dessen Kirche die Grablege der niederbayerischen Herzöge wurde.

1255 teilten die Wittelsbacher Bayern in zwei Herzogtümer auf und Herzog Heinrich XIII. machte Landshut zur Residenzstadt des ihm zugefallenen Niederbayerns. Bis zum Aussterben der Landshuter Erblinie im Jahr 1503 blieb Landshut fast durchgehend Residenzstadt und in dieser Zeitspanne des ausgehenden Mittelalters liegt auch die Blütezeit der Niederbayern-Metropole. Über mehrere Stadterweiterungen mussten die Stadtbefestigungen mitwachsen. Schon in der zweiten Hälfte des 13. Jahrhunderts entstand die Neustadt, deren parallel zur Altstadt verlaufender großzügiger Straßenzug bis heute vom Mittelalter geprägt ist. Anfang des 14. Jahrhunderts wurde das Gebiet rund um den Dreifaltigkeitsplatz, das wegen der Nähe zur Burg

↑ Der himmelhohe Turm der Martinskirche
← Von der Altstadt geht der Blick hinauf zur Burg Trausnitz.

↑ Chor und Turm von St. Martin beherrschen die Kirchgasse.

↑ Im malerischen Renaissancehof von Burg Trausnitz
→ Etzdorfpalais mit Rokokofassade und gotischer Kirchturm

gern von Adel und Beamten bewohnt wurde, an die Stadt angegliedert. Die letzte Erweiterung in der zweiten Hälfte des 14. Jahrhunderts schließlich betraf das Gebiet östlich der Neustadt rund um die vom Herzog gestiftete Kirche St. Jodok. Wegen der den Neubürgern dort gewährten Sonderrechte, trägt der Stadtteil bis heute den Namen Freyung. Mit dem Verlust des Residenzstatus Anfang des 16. Jahrhunderts war die Zeit steten Wachstums beendet. Herabgesunken zur Provinzstadt und weitgehend verschont von großen Zerstörungen lässt die malerische Altstadt von Landshut vergangene Zeiten wieder lebendig werden.

In der Altstadt, auf der Altstadt

In Landshut wird nicht nur das historische Zentrum als Altstadt bezeichnet, sondern auch die wichtigste und älteste Straße trägt den Namen Altstadt. Sie beginnt an der Isarbrücke, die an der Stelle des historischen Übergangs zur Mühlinsel und zum linken Ufer der Isar steht. Die Altstadt zieht sich eigentlich über die malerische Insel bis zum mittelalterlichen Kloster Seligenthal. Wir wenden uns aber dem Zentrum der Stadt zu und folgen, vorbei an der für Ausstellungen genutzten gotischen Heilig-Geist-Kirche, der Altstadt genannten Straße. Nach wenigen Metern weitet sich der Blick zur alles überragenden Martinskirche und zur Burg Trausnitz. Entlang der Straße stehen in geschlossener Reihe die Fassaden beeindruckender Bürgerhäuser Spalier. Einige der vielfarbigen, gotisch-mittelalterlichen Fassaden wurden im Stil von Renaissance und Barock überarbeitet und es bietet sich ein wundervoll abwechslungsreiches Straßenbild. Man merkt, dass an der Altstadt die reichsten Bürger ihre Häuser hatten und die Repräsentationsbauten der Stadt und der Stadtherren hier errichtet wurden. Nahezu jedes einzelne der Häuser wäre eine genauere Betrachtung wert, aber nur die wichtigsten können erwähnt werden. Wer genug Zeit mitbringt, der sollte auch die schmalen Seitengassen erkunden, die immer wieder mit malerischen Winkeln überraschen.

Wir folgen der Altstadt, die am Rathaus zur Fußgängerzone wird. Seit 1380 befindet sich das Rathaus im mittleren der gotischen Gebäude und im folgenden Jahrhundert wurden die beiden zur Rechten und Linken dazugekauft. Heute besticht die 1861 neugotisch überarbeitete Prunkfassade mit ihren aufwendig gestalteten Staffelgiebeln. Im Rathausprunksaal, der 1878 im Stil des Historismus umgestaltet wurde, ist auf einem rundum laufenden Gemälde die Landshuter Hochzeit dargestellt. Gegenüber dem Rathaus steht die Stadtresidenz, die sich Herzog Ludwig X. um 1540 erbauen ließ. Sie ist der erste nördlich der Alpen im Stil der Renaissance erbaute Palast. Der der Altstadt zugewandte sogenannte Deutsche Bau

wurde 1780 mit einer klassizistischen Fassade versehen, der anschließende italienische Bau glänzt mit seinen Prunkräumen und Arkadenhöfen in reinstem Renaissancestil. Auf dem Weiterweg Richtung Martinskirche lohnt ein Abstecher nach rechts auf der Theaterstraße zum mittelalterlichen Ländtor und zum Etzdorfpalais mit bezaubernder Rokokofassade. Zurück auf der Altstadt sind es nur noch wenige Schritte zur Stadtkirche. Schräg gegenüber dem Hauptportal zieht das Landschaftshaus, in dem einst die niederbayerischen Landstände tagten, mit seiner im Jahr 1599 bemalten Renaissancefassade die Blicke auf sich. Die Arkadengänge der mächtigen, an die Kirche anschließenden Bürgerhäuser weisen darauf hin, dass die Gebäude Anfang des 13. Jahrhunderts in der allerersten Bauphase Landshuts entstanden sind.

Himmelhoch und schnurgerade

Jetzt wenden wir uns aber endlich der wohl größten Attraktion von Landshut zu, der berühmten gotischen Stadtkirche St. Martin. Über 100 Jahre hat es gedauert, von 1389 bis 1500, bis sie vollendet werden konnte. Sie wurde anstelle einer im großen Stadtbrand von 1342 vernichteten Vorgängerkirche erbaut und gilt als Hauptwerk des berühmten mittelalterlichen Baumeisters Hans von Burghausen. Mit einer Höhe von knapp über 130 Metern besitzt das Gotteshaus, das zu den eindrucksvollsten und bedeutendsten gotischen Sakralbauten in Deutschland zählt, den höchsten Backstein-Kirchturm der Welt. Ein wundervolles gotisches Portal führt in das 92 Meter lange Kirchenschiff, das mit seiner grandiosen Raumwirkung begeistert. Dort gilt es, zwei Seitenkapellen und zahlreiche Kunstwerke wie den einzigartigen, aus Sandstein gehauenen gotischen Hochaltar zu bestaunen.

Vorbei an der Kirche mit dem himmelhohen Turm machen wir noch einen Abstecher zur Neustadt genannten zweiten Hauptstraße. Dass sie in der zweiten Hälfte des 13. Jahrhunderts planvoll angelegt wurde, erkennt man an ihrem schnurgeraden Verlauf. Die herrlichen, mittelalterlichen Bürgerhäuser mit ihren vielfältigen Giebelformen geben der Neustadt einen besonders malerischen Anstrich. Ganz besonders reizvoll wirken die Giebelwellen vom Aussichtsplatz an der Burg.

Trau dich nicht

Zurück an der Martinskirche lockt uns zum Abschluss noch die Burg Trausnitz. Der Name, den die Burg im 16. Jahrhundert erhielt, ist eine Verballhornung des Satzes »Trau dich nicht«. Von St. Martin folgen wir der Altstadt zum Dreifaltigkeitsplatz und biegen dann links in die Alte Bergstraße. Kurz bevor wir das Burghauser Tor erreichen, steigen wir links auf der steilen Fürstentreppe zur Burg hinauf. Vom Vorhof können wir nach rechts einen Abstecher zum Hungerturm und zum Zwingerweg mit dem perfekt erhaltenen Wehrgang machen. Gehen wir nach links, ist der malerische Burghof schnell erreicht. Im Rahmen einer Burgführung kann man eindrucksvolle romanische Gewölbehallen, die gotische Burgkapelle mit wertvollen Kunstwerken und die berühmte Narrentreppe mit Renaissancefresken, die Szenen aus der »Commedia dell'arte« darstellen, bestaunen. Oder man besucht die Kunst- und Wunderkammer, eine Sammlung der kunstsinnigen Wittelsbacher Herzöge aus der Zeit der Renaissance. Ein Muss ist der kurze Abstecher zum Aussichtspunkt an der Nordwestecke der Burg, von dem man einen berauschend schönen Blick auf die Altstadt von Landshut hat.

Lage/Einwohnerzahl Die 73 000-Einwohner-Metropole Landshut liegt nordöstlich von München an der Isar.

Highlights An der Prachtstraße namens Altstadt das Rathaus, die Stadtresidenz und das Landschaftshaus; die Stadtkirche St. Martin; die Burg Trausnitz

Tipp Mit gutem Essen und unübertrefflichem Stadtblick wird man auf der Terrasse der Neuen Burgschänke auf Burg Trausnitz verwöhnt.

Informationen landshut-tourismus.bayern, landshuter-hochzeit.de

↑ Tief unter der Burg liegt der Dreifaltigkeitsplatz.
← Lauschige Laubengänge im ältesten Bereich der Altstadt

37 Passau

Die Dreiflüssestadt

Wohl keine Stadt in Deutschland kann mit der eindrucksvollen Lage von Passau konkurrieren. Die schmale, vom Dom beherrschte Altstadthalbinsel, der Zusammenfluss von blauer Donau, grünem Inn und dunkler Ilz, die auf steilem Fels erbaute Veste Oberhaus und die von der Wallfahrtskirche Mariahilf bekrönte Innstadt bilden ein abwechslungsreiches Landschafts- und Stadtkunstwerk, das seinesgleichen sucht. Und wäre das nicht genug Anreiz für einen Besuch, trumpft Passau auch noch mit einer Jahrtausende zurückreichenden Stadtgeschichte auf, die im malerischen Stadtbild zahlreiche Spuren hinterlassen hat. Die Dreiflüssestadt sah Kelten und Römer kommen und gehen, an ihr zogen die Kolonnen der Völkerwanderung und die Heerscharen der Kreuzzüge vorbei. Und das Nibelungenlied weiß zu berichten, dass Krimhild auf ihrem Weg zum Hunnenkönig Etzel in Passau bei ihrem Onkel, Bischof Pilgrim, Station machte.

Römer und Bischöfe

Im ersten nachchristlichen Jahrhundert übernahmen die Römer die Herrschaft über Passau und errichteten an verschiedenen Stellen im Stadtgebiet Kastelle, die die Handelswege und die Donaugrenze sichern sollten. Auf dem höchsten Punkt der Altstadt, dort wo heute der Dom steht, lag ihr Kastell Batavis. Der Name lässt vermuten, dass hier germanische Hilfstruppen vom Stamm der Bataver stationiert waren. Das Kastell Batavis stand wohl auch für den späteren Stadtnamen Passau Pate. In der römischen Spätphase im 5. Jahrhundert gründete der heilige Severin, der Schutzpatron von Bayern und Österreich, in der Innstadt nahe dem dortigen Kastell ein Kloster, an das bis heute die Severinskirche erinnert.

Schon 739 bestätigte der heilige Bonifatius Passau als Bischofsstadt und zu dieser Zeit wurde auch das reiche und einflussreiche Kloster Niedernburg gegründet. Im 11. Jahrhundert war Gisela, die Witwe des ungarischen Königs Stefan I., dort Äbtissin und bis heute ist das Grab der seligen Gisela das Ziel vor allem ungarischer Pilger. Im 9. Jahrhundert wurde der Passauer Stephansdom zur Mutterkirche für die Christianisierung des Donauraums und lange gehörten weite Teile des österreichischen Donauraums zum Passauer Bistum. Die enge Verbindung zu Passau zeigt sich am Stephans-Patronat vieler Kirchen, wie zum Beispiel des Wiener Stephansdoms.

Von 1191 bis 1204 war Wolfger von Erla Bischof von Passau. Mit seiner aufwendigen Hofhaltung und großzügigen Förderung der Dichter lockte er die bedeutendsten Minnesänger jener Zeit an seinen Hof. Bezeugt sind die Aufenthalte von Walther von der Vogelweide und von Wolfram von Eschenbach, dem Dichter des Parzival. So vermuten die meisten Forscher, dass das Nibelun-

↑ Die Wallfahrtskirche über der Innstadt
← Über den Inn geht der Blick zu Dom, Altstadt und Veste Oberhaus.

genlied um 1200 am Passauer Hof entstand, wofür auch die prominente Erwähnung der Stadt im Liedtext spricht.

Im Jahr 999 erlangten die Bischöfe die Herrschaft über Passau und über Kloster Niedernburg und 1217 wurde ihnen vom Kaiser die Fürstenwürde zugesprochen. Im 13. Jahrhundert wurde die Stadtmauer gebaut und die Veste Oberhaus entstand vor allem als Trutzburg gegen die rebellischen Bürger Passaus. 150 Jahre nach der Innbrücke wurde 1278 auch eine Brücke über die Donau eingeweiht. Vor allem der Handel auf den Flüssen, aber auch auf dem sogenannten »Goldenen Steig« Richtung Prag florierte und brachte Reichtum in die Stadt. Versuche des wohlhabenden Bürgertums, sich aus der Herrschaft der Bischöfe zu lösen und Passau zur freien Reichsstadt zu machen, wurden mehrmals blutig niedergeschlagen und bis 1802 blieb die Stadt in den Händen der Fürstbischöfe. Ihre perfekte Flusslage musste die Stadt immer wieder mit verheerenden Überschwemmungen bezahlen. Im Jahrtausendhochwasser stieg am 15. August 1501 der Pegel auf unübertroffene 13 Meter und der Altstadthügel wurde zur wasserumspülten Insel. Am Alten Rathaus, an dem die historischen Wasserstände markiert sind, bekommt man eine Vorstellung von dieser und den vielen anderen Flutkatastrophen. In den engen Gassen wüteten auch immer wieder schwere Brände. Dem großen Stadtbrand, der 1662 nahezu die gesamte Altstadt vernichtete, verdanken wir heute das heiter-fröhliche Bild der südländisch anmutenden Barockstadt, die beim Wiederaufbau durch italienische Baumeister entstand.

↑ Die prächtige Barockfassade des Passauer Doms
→ Reicher Barockstuck umrahmt die riesige Domorgel.

Durch die Höllgasse zum Dom

Wir beginnen unsere Altstadtrunde am Rathausplatz, dem ehemaligen Fischmarkt. Der Blick geht von hier über die Donau zu den mächtigen, mit einem Wehrgang verbundenen Vesten Unter- und Oberhaus. Wir wenden uns aber dem Alten Rathaus zu, einem im Kern gotischen Gebäude, das Ende des 19. Jahrhunderts aus acht Gebäuden zusammengefügt wurde und seinen neugotischen Rathausturm mit dem Glockenspiel erhielt. Im Inneren begeistert der Große Rathaussaal, der von den Dombaumeistern Lurago und Carlone barock umgestaltet und Ende des 19. Jahrhunderts mit beeindruckenden Historiengemälden ausgeschmückt wurde. Vom Rathausplatz gehen wir vorbei am barocken Hotel Wilder Mann, in dem ein sehenswertes Glasmuseum untergebracht ist, in die immer wieder durch Hochwasser gefährdete Höllgasse. Malerisch verläuft die enge Gasse parallel zur Donau und lässt noch den Hauch des Mittelalters spüren. An ihrem Ende steigen wir links über die

Schlosserstiege hinauf zum Steinweg und folgen ihm nach rechts. Nach dem Paulusbogen, dem ältesten Stadttor Passaus, das schon den Zugang zum römischen Kastell sicherte, erreichen wir den Rindermarkt. Von ihrem erhöhten Podest, auf dem schon im 11. Jahrhundert das erste Gotteshaus errichtet wurde, beherrscht die Stadtpfarrkirche St. Paul den Platz. Sie wurde nach dem großen Stadtbrand in der zweiten Hälfte des 17. Jahrhunderts erbaut und besticht mit ihren prunkvollen Barockaltären.

Am unteren Ende des Rindermarktes biegen wir links in die Fußgängerzone von Passau. Über den Heuwinkel erreichen wir die breite Ludwigstraße, die Haupteinkaufsstraße in der Fußgängerzone. Unser Weg führt jedoch schon nach wenigen Schritten links in die Grabengasse. Zahlreiche kleine Geschäfte sind in den bezaubernden Bürgerhäusern untergebracht und ein Blick nach oben zeigt den für den sogenannten Inn-Salzach-Stil typischen waagrechten Fassadenabschluss. Nach 200 Metern steigen wir links auf der schmalen, nach einem der barocken Dombaumeister benannten Carlonegasse aufwärts. Vorbei am Rokokobau des Lambergpalais schlüpfen wir dann auf den Domplatz.

Die größte Kirchenorgel der Welt

Der prunkvolle Dom St. Stephan ragt am höchsten Punkt der Passauer Altstadt auf und beherrscht mit seinen Türmen und der Kuppel das Stadtbild. Wohl schon im 5. Jahrhundert stand hier eine erste Kirche, die im 8. Jahrhundert als Bischofskirche bestätigt wurde. Von hier aus wurde der gesamte Donauraum bis nach Ungarn christianisiert, sodass das Bistum Passau zur größten Diözese im deutschsprachigen Raum wurde. Auf einen mächtigen romanischen Dom folgte ein gotischer Neubau, dessen filigraner Chor den Residenzplatz beherrscht. Nach dem großen Stadtbrand wurde schließlich von den italienischen Baumeistern Giovanni Batista Carlone und Carlo Lurago der barocke Prachtbau mit der herrlichen Schaufassade errichtet, der

den Kirchenbau nördlich der Alpen maßgeblich beeinflusste. Der gewaltige Kirchenraum besticht mit seiner prunkvollen Barockausstattung. Prächtige Altäre und die goldene Kanzel werden von feinstem Stuck und zahlreichen Fresken eingerahmt. Die 1928 eingebaute Domorgel gilt als die weltweit größte Orgel in einer katholischen Kirche. Für einen Zwischenstopp bietet sich der an der Ostseite des Doms gelegene Residenzplatz an, einer der schönsten Barockplätze des Landes. Am Wittelsbacherbrunnen lässt es sich bestens rasten und in der barocken Neuen Residenz kann man schöne Säle, ein wundervolles Treppenhaus und die Schätze des Domschatz- und Diözesanmuseums bewundern.

↑ Rund um den Dom locken gemütliche Cafés.
← Der Weg am Innufer führt am Schaiblingsturm vorbei.

Gisela-Grab und Traumblick

Vom Residenzplatz führt uns die romantische Innbrückengasse durch das Inntor hinab zur Innbrücke. Auf der rechten Innseite lockt die Innstadt mit dem Römermuseum Kastell Boiotro, der mittelalterlichen Severinskirche und der barocken Wallfahrtskirche Mariahilf, zu der eine überdachte Stiege hinaufführt. Wir folgen jedoch, vorbei am mittelalterlichen Schaiblingsturm, dem Innufer flussabwärts zur Ort genannten Landspitze, an der Inn und Donau aufeinandertreffen. Vom Donauufer bringt uns anschließend die Bräugasse, vorbei am interessanten Museum Moderne Kunst, zur Jesuitengasse. Auf ihr sind es nur wenige Schritte zum Kloster Niedernburg, das 1010 zur Reichsabtei erhoben wurde. In der Klosterkirche liegt das Grab der ungarischen Königswitwe Gisela, die im 11. Jahrhundert Äbtissin des Klosters war. Bis heute pilgern zahlreiche Ungarn zum Grab der seligen Gisela. Der Weg zurück zum nahen Rathaus führt uns an der Prinz-Luitpold-Brücke vorbei. Über sie erreicht man den Ludwigsteig, den steilen Aufstieg zur Veste Oberhaus. Die riesige Burganlage aus dem 13. Jahrhundert wurde bis ins 17. Jahrhundert immer weiter ausgebaut. Neben einem interessanten Museum bietet sie vor allem einen Traumblick auf die Dreiflüssestadt Passau.

Lage/Einwohnerzahl Am Zusammenfluss von Donau, Inn und Ilz liegt die 52 000-Einwohner-Stadt Passau.

Highlights Die Altstadt mit Stadtpfarrkirche, Klosterkirche Niedernburg und Rathaus; der Dom St. Stephan; die Innstadt mit Kastell Boiotro, Severinskirche und Wallfahrtskirche Mariahilf; die Veste Oberhaus

Tipp In historischen Häusern am Donauufer residieren die beiden feinen Hotels Residenz und Passauer Wolf.

Informationen tourismus.passau.de

38 Straubing

Die Gäubodenmetropole

An einer Flussschlinge der Donau liegt im Zentrum des fruchtbaren Gäubodens die niederbayerische Kreisstadt Straubing. Das Gäubodenfest, das zweitgrößte Volksfest in Bayern, lockt alljährlich im August weit über eine Million Besucher in die Stadt. Alle vier Jahre wird mit den Agnes-Bernauer-Festspielen an das grausame Schicksal der Baderstochter erinnert. Der bayerische Herzog Ernst ließ sie, die nicht standesgemäße Partnerin seines Sohnes, 1435 kurzerhand in Straubing in der Donau ertränken. Diese Zeiten sind gottlob vorbei und heute können wir einfach die historische Altstadt genießen. Rund um den Stadtplatz mit dem prächtigen Rathaus und dem eleganten Stadtturm lässt es sich wunderbar flanieren.

Von der Steinzeit ins Mittelalter

Schon seit frühester Zeit fanden neue Völker und neue Kulturen entlang der Donau den Weg nach Europa. So kamen auch in der Jungsteinzeit die ersten Ackerbauern in den fruchtbaren Gäuboden und hinterließen ihre Spuren. Vor über 4000 Jahren erschien in der frühen Bronzezeit im süddeutschen Raum

↑ Auch in den Seitengassen findet man gemütliche Lokale.
← Theresienplatz mit Dreifaltigkeitssäule und Stadtturm

eine Volksgruppe, die nach den rund um die Stadt gemachten Funden als »Straubinger Kultur« bezeichnet wird. Es folgten Kelten und Römer und frühmittelalterliche Siedler. Der Siedlungsschwerpunkt lag zu dieser Zeit östlich des heutigen Stadtzentrums rund um die Peterskirche. Dort erbauten die Kelten ihre Siedlung Sorviodurum und später die Römer ein Kastell, das die Donaugrenze bewachte. Hier an der Peterskirche lag auch die mit einem Wall befestigte Siedlung Strupinga, sozusagen das Urstraubing.

1218 gründete Ludwig der Kelheimer einen Kilometer westlich als Gegenpol zum kirchlich beherrschten Alt-Straubing die Straubinger Neustadt. Mit dem 600 Meter langen Stadtplatz war sie von Anfang an als wichtige Zentrale Wittelsbacher Machtansprüche geplant. Die Voraussetzungen für einen raschen wirtschaftlichen Aufstieg waren bestens. Hier kreuzte sich der Weg vom Rhein in den östlichen Donauraum mit dem Fernhandelsweg von Italien nach Böhmen, der über die Straubinger Donaubrücke führte. Das zweite Standbein der Wirtschaft war der Gäuboden mit seinen ertragreichen Lößböden, dessen Produkte in Straubing vermarktet wurden. Nach wenigen Jahrzehnten wurde Straubing der Verwaltungsmittelpunkt der Region und war von 1353 bis 1425 Residenz des selbstständigen Teilherzogtums Straubing-Holland.

Rund um den Stadtturm

Eine Entdeckungstour durch Straubing beginnt man natürlich am besten am unübersehbaren Stadtturm, der den 600 Meter

langen Stadtplatz teilt. Mit seiner Höhe von 68 Metern und den fünf Turmspitzen beherrscht er die Stadtsilhouette. 1316 wurde der Grundstein gelegt und im 16. Jahrhundert wurde er vollendet. Er diente als Wachturm und von der hoch gelegenen Türmerwohnung bietet sich ein wundervoller Blick über Stadt und Land.

Vom Stadtturm aus erkunden wir nun den Stadtplatz, das pulsierende Herz von Straubing. Auf jeder der beiden Platzhälften plätschern frühbarocke Brunnen, die jeweils einem der beiden Stadtheiligen St. Jakob und St. Tiburtius gewidmet sind. Besonders eindrucksvoll ist die hoch aufragende, 1709 errichtete Dreifaltigkeitssäule, die mit ihren kunstfertigen, goldglänzenden Figuren den Theresienplatz beherrscht. Von der Säule ist es nur noch ein kurzer Weg zur Jesuitenkirche. Die gotische Frauenkapelle verwandelten die Jesuiten Ende des 17. Jahrhunderts in ein barockes Kleinod. Zurück am Stadtturm zieht das historische Rathaus mit seinem neugotischen Treppengiebel die Blicke auf sich. Das Ende des 14. Jahrhunderts vom Patrizierhaus zum Rathaus umgebaute Gebäude erlitt bei einem Großbrand 2016 schwere Schäden und erstrahlt nach umfangreichen Wiederaufbauarbeiten in neuem Glanz. Wer sich für Kirchenkunst interessiert, der kann am Stadtturm noch einen Abstecher in die Steingasse machen. Sie führt zur gotischen Kirche St. Veit, die im 18. Jahrhundert von hervorragenden Barock- und Rokokokünstlern ausgestaltet wurde.

Von der Stadtkirche zum Donauufer

Vom Stadtturm sind es nur wenige Schritte zur Stadtpfarrkirche St. Jakob und St. Tiburtius. Das imposante gotische Gotteshaus wurde im 15. Jahrhundert erbaut und erhielt Ende des 16. Jahrhunderts seinen 90 Meter hohen Turm. Im Kirchenschiff findet man zahlreiche wertvolle Kunstwerke aus verschiedenen Stilepochen. Größter Schatz sind wohl die Glasgemälde, darunter das nach Entwürfen von Albrecht Dürer gestaltete Mosesfenster.

Von Pfarrplatz folgen wir der Seminargasse nach links und biegen dann rechts in die Spitalgasse. Nach kurzer Strecke wechseln wir rechts in das schmale Gässchen Spitzwegwinkel, das uns zu einem besonders malerischen Altstadtwinkel führt. Rechts sind es dann nur noch wenige Schritte zum Gäubodenmuseum, das unter anderem mit dem »Straubinger Römerschatz« einen hervorragenden Einblick in die frühe Geschichte der Region gibt. Über den Innenhof des Museums und die Fraunhoferstraße querend gelangen wir auf der Zollergasse zur gotischen Karmelitenkirche. Die barockisierte Kirche besitzt mit dem gotischen Grabmal von Herzog Albrecht II. ein herausragendes Kunstwerk. Hinter der Kirche führt die Burggasse links zum Herzogschloss. Auf halbem Weg sollte man unbedingt einen Blick in die Ursulinenkirche werfen, die dank der Gebrüder Asam das schönste Barockgotteshaus in Straubing ist. Nur wenige Schritte sind es dann noch zum riesigen Herzogschloss, das den Fluss und die Brücke beherrscht. Für kurze Zeit war der ab 1356 erbaute Gebäudekomplex Herzogsresidenz und dann wichtiger Verwaltungssitz.

Alt-Straubing

Eine Erkundung Straubings wäre nicht vollständig, würde man der östlich der Altstadt gelegenen Keimzelle der Stadt an der Petersgasse keinen Besuch abstatten. Die doppeltürmige Kirche St. Peter und der historische Friedhof markieren jene Stelle, an der das römische Kastell und das befestigte Alt-Straubing lagen. In der wundervollen romanischen Basilika findet man zahlreiche mittelalterliche Kunstwerke, unter anderem ein romanisches Triumphkreuz am Chorbogen. Auf dem Friedhof sind die gotische Totentanzkapelle mit dem 1763 gemalten Freskenzyklus und die 1436 erbaute Agnes-Bernauer-Kapelle mit dem Grabmal der ertränkten Baderstochter sehenswert.

Lage/Einwohnerzahl Südöstlich von Regensburg liegt an der Donau Straubing, das 47600 Einwohner zählt.

Highlights Der Marktplatz mit Stadtturm und Rathaus; die Altstadt mit mehreren interessanten Kirchen, dem Gäubodenmuseum und dem Herzogschloss; Alt-Straubing mit der Basilika St. Peter

Tipp Lecker essen und gut nächtigen kann man im Gasthaus Das Röhrl in einem historischen Gebäude am Theresienplatz.

Informationen straubing.de

↑ Das Krönner am Stadtturm ist eine Straubinger Institution.
← Rund um die Peterskirche liegt die Keimzelle der Stadt.

39 Kelheim

Geschichte an Donau und Altmühl

Wohl kaum eine bayerische Stadt steht auf solch geschichtsträchtigem Boden wie Kelheim. Die strategisch zentrale Lage im Mündungsdreieck zwischen Donau und Altmühl nutzten die Kelten ebenso wie später die Wittelsbacher für ihre Stadtgründungen. Auf Schritt und Tritt stößt man hier auf Zeugnisse der Geschichte. Und zusätzlich ist Kelheim die Drehscheibe für zauberhafte Ausflüge in die Täler von Donau und Altmühl.

Keltenstadt, Herzogsstadt und Befreiungshalle

Schon seit der Zeit der Neandertaler waren die höhlenreichen Täler von Donau und Altmühl besiedelt. In den letzten vorchristlichen Jahrhunderten erbauten schließlich die Kelten oberhalb von Kelheim auf dem Michelsberg das Oppidum Alkimoennis, das zu den größten keltischen Stadtanlagen in ganz Europa zählt. Im ehemaligen keltischen Stadtgebiet westlich der Befreiungshalle deuten zahlreiche Gruben auf den Eisenerzabbau hin, der wohl neben der hervorragenden strategischen Lage zur Gründung der Keltenstadt führte.

In den folgenden Jahrhunderten hinterließen die Römer und frühchristliche Mönche ihre Spuren rund um Kelheim. Im Schatten einer Burg entwickelte sich um das Jahr 1000 ein Marktort. Im 13. Jahrhundert ließen die bayerischen Herzöge das strategisch wichtige Kelheim zur mittelalterlichen Planstadt ausbauen. Sie bekam den rechteckigen Grundriss mit den sich im Zentrum kreuzenden Straßen und den drei Stadttoren. Herzog Ludwig der Kelheimer machte die Stadt Anfang des 13. Jahrhunderts sogar zur Residenzstadt der Wittelsbacher. Diese Stellung ging aber schon nach wenigen Jahren wieder verloren, als Herzog Ludwig 1231 in Kelheim ermordet wurde und sein Sohn die Residenz nach Landshut verlegte. Dank ihrer Lage blieb Kelheim aber als Drehscheibe des Flusshandels über die Jahrhunderte eine der wichtigen Städte im Herrschaftsbereich der Wittelsbacher. 1836 erhielt die Stadt einen weiteren Schub durch die Eröffnung des Hafens am neu erbauten Ludwig-Donau-Main-Kanal.

Herzogsstadt und Klösterl

Unseren Stadtrundgang beginnen wir vor dem Alten Rathaus auf dem Ludwigsplatz, der von der Kreuzung im Stadtzentrum nach Osten läuft. Das ursprüngliche Rathaus stand bis zu seinem Abbruch im 19. Jahrhundert mitten auf der Straßenkreuzung im Stadtzentrum. Die städtische Verwaltung wurde dann ins nahe Stadtschreiberhaus verlegt, einem Renaissancebau mit schöner Barockfassade, das heute den Namen Altes Rathaus trägt. Vorbei an der barocken Mariensäule und am Denkmal für König Ludwig I., der den Bauplan für seine Befreiungshalle in der Hand hält, schlendern

↑ Auf der Altmühlstraße erreicht man das Altmühltor.
← Das bezaubernde Essing spiegelt sich in der Altmühl.

wir zum Gebäudekomplex des Weißen Brauhauses. Das 1607 gegründete kurfürstliche Weiße Brauhaus, die älteste Weißbierbrauerei Bayerns, ist heute im Besitz der Familie Schneider. Links sind es nur wenige Schritte zur gotischen Stadtpfarrkirche, in der noch einige Kunstwerke der gotischen Originalausstattung erhalten sind. Folgt man der Straße kurz nach rechts, erreicht man den Eingang zum Bräustüberl. Wer jetzt schon eine Pause braucht, der sollte im urigen Gasthof oder im malerischen Biergarten einen Zwischenstopp einlegen.

Am Ende der Emil-Otto-Straße geht es nach rechts über den Alten Markt zur Wittelsbachergasse. Hier wurde Herzog Ludwig ermordet und sein Sohn Otto errichtete zu Ehren seines Vaters die Ottokapelle, deren romanisches Portal in die Johanniskirche integriert ist. 50 Meter weiter erreichen

wir das im 13. Jahrhundert erbaute Donautor. Rechts könnte man auf der Donaustraße an bunten Bürgerhäusern vorbei zum Ludwigsplatz zurückkehren. Wir folgen jedoch geradewegs der Stadtknechtstraße.

Geradeaus führt sie am 1476 erbauten Schleiferturm vorbei ins Fischerdörfel. Wir wechseln nach links auf den Uferweg und folgen ihm flussaufwärts in den malerischen, von steilen Jurafelsen bewachten Donaudurchbruch. Nach zwanzigminütiger Wanderung erreichen wir das in die Steilfelsen eingelassene Klösterl. Es wurde 1454 als Franziskanerkloster gegründet. Glanzpunkt der Anlage ist die einzigartige, in eine Höhle gebaute und mit Fresken geschmückte Felsenkirche. Für eine Zwischenstärkung sorgt das angeschlossene Wirtshaus mit Biergarten.

Zurück in der Altstadt von Kelheim biegen wir kurz nach dem Schleiferturm links ab in die Lederergasse. Dort ist im spätgotischen Herzogkasten das äußerst interessante Archäologische Museum untergebracht, das anschaulich die Siedlungsgeschichte von den Neandertalern über die Kelten bis ins Mittelalter präsentiert. Nach dem Museumsbesuch biegen wir am Ende der Lederergasse nach links ab und gehen geradewegs durch das mittelalterliche Mittertor zum perfekt erhaltenen Kanalhafen des 1846 in Betrieb genommenen Ludwig-Donau-Main-Kanals. Durchs Mittertor kehren wir dann zurück ins nahe Stadtzentrum.

Wundervolle Ausflugsziele

Rund um Kelheim locken zahlreiche Sehenswürdigkeiten. Am bekanntesten ist die Fahrt durch den malerischen Donaudurchbruch zum Rekord-Kloster Weltenburg. Das um 600 gegründete Kloster gilt als ältestes Kloster in Bayern und die 1050 nach-

↑ Auf dem Weg zur ältesten Weißbierbrauerei Bayerns
← König Ludwig I. ließ die Befreiungshalle erbauen.

gewiesene Brauerei ist die älteste Klosterbrauerei weltweit. Die 1739 von den Gebrüdern Asam fertiggestellte Klosterkirche zählt sicherlich zu den schönsten Barockkirchen in Bayern und der Klosterbiergarten ist einer der am herrlichsten gelegenen weit und breit.

Das Stadtbild von Kelheim wird von der Befreiungshalle beherrscht. Nach einer kurzen Fahrt oder einem steilen Anstieg vom ehemaligen Franziskanerkloster im Fischerdörfel bietet der 1863 vollendete monumentale Rundbau eine herrliche Aussicht. König Ludwig I. ließ die Befreiungshalle im Gedenken an die siegreichen Schlachten im Krieg gegen Napoleon erbauen.

Ein dritter Ausflug führt in das wundervolle Altmühltal. An der Schleuse Kelheim-Gronsdorf lässt das rekonstruierte Stadttor die Zeit der Kelten wieder erwachen. Vorbei an der fantastischen Tropfsteinhöhle Schulerloch erreicht man nach sieben Kilometern die bezaubernde Ortschaft Essing. Malerisch spiegeln sich der vor steilen Felswänden erbaute Ort und die Ruine von Burg Randeck in einem Altarm der Altmühl.

Lage/Einwohnerzahl An der Mündung der Altmühl in die Donau liegt die 16 700-Einwohner-Stadt Kelheim.

Highlights Die Altstadt mit Stadttoren, Rathaus, Kirchen und Archäologischem Museum; Ausflüge: Klösterle, Donaudurchbruch mit Kloster Weltenburg, Befreiungshalle, keltisches Stadttor, Essing und Schulerloch-Höhle

Tipp Schon fast ein Muss ist ein Besuch im historisch-urigen Weißen Bräuhaus.

Informationen kelheim.de/urlaub

40 Berching

Rossmarkt in historischem Ambiente

Umschlossen von einer durchgehend erhaltenen Stadtmauer begeistert Berching mit zahlreichen malerischen Winkeln und fotogenen Ansichten. Unterbrochen wird das beschauliche Kleinstadtleben alljährlich am Mittwoch nach Lichtmess durch den Berchinger Rossmarkt. Bei einem der größten Wintervolksfeste in Bayern werden aufwendig geschmückte Pferde und Gespanne durch die Altstadt geführt und an zahlreichen Jahrmarktständen werden Waren angeboten.

Im Schutz der Eichstätter Bischöfe

Im 9. Jahrhundert wurde Berching zum ersten Mal urkundlich erwähnt. Im Jahr 912 übernahm der Bischofsstuhl von Eichstätt die Herrschaft und baute den Ort zum wichtigen Verwaltungssitz aus. 1314 erhielt Berching die Stadtrechte und in der zweiten Hälfte des 15. Jahrhunderts wurde der Befestigungsring ausgebaut, der den westlichen Stadtkern so malerisch einfasst. 1806 verlor die wohlhabende Stadt mit dem Anschluss an Bayern ihre Funktion als fürstbischöflicher Verwaltungsort und vorübergehend auch das Recht Märkte abzuhalten. Dem erlahmenden Wirtschaftsleben haben wir es zu verdanken, dass wir heute die bestens erhaltene Altstadt von Berching genießen können.

Stadtmauerromantik

Berching begeistert weniger durch einzelne herausragende Bauwerke als vielmehr durch das geschlossene Ortsbild mit der bestens erhaltenen Stadtmauer. Nicht weniger als 13 Türme und vier Stadttore machen Berching zu einem Traumort für alle, die sich für mittelalterliche Stadtromantik begeistern können. Je nach dem Aussehen, der ehemaligen Funktion oder dem Beruf späterer Besitzer tragen die Türme Namen wie Chinesenturm, Pulverturm oder Biersiederturm.

Unsere Runde durch die beiden Hälften der Altstadt beginnen wir an der Südostecke des Pettenkoferplatzes vor dem Rathaus. Wir wenden uns nach rechts und biegen nach wenigen Schritten vor dem romantisch von zwei Fachwerkhäusern eingefassten Mittleren Tor in die Badturmgasse. Vorbei an Ziegelturm und Schießturm erreichen wir die 1760 erbaute Pfarrkirche mit großartiger Barock- und Rokokoausstattung. Vom Gotteshaus gehen wir an der Stadtmauer entlang zur Schulstraße, die rechts zurück ins Stadtzentrum führt. Nach links spazieren wir jetzt am Stadtbach entlang zum wuchtigen Gredinger Tor und biegen nach rechts in den Ringmauerweg ein, der uns am Biersiederturm vorbei zum Frauenturm führt. Es folgt ein besonders romantischer Abschnitt der Stadtmauer, vorbei an Badturm und Chinesenturm, den man auch oben auf dem Wehrgang bewältigen kann. Vom Pulver-

↑ Die Stadtmauer bleibt immer im Blick.
← Zwei Fachwerkhäuser rahmen das Mittlere Tor ein.

↑ Einen Teil der Stadtmauer kann man begehen.

↑ Das Flüsschen Sulz trennt die beiden Stadtteile.
↓ Blumenverzierter Blick auf das beschauliche Städtchen
→ Die romantische Stadtmauer mit dem Chinesenturm

turm bringt uns der Ringmauerweg schließlich zurück zum Rathaus.

Wir machen zum Schluss noch einen Abstecher in die Vorstadt, den älteren Stadtteil von Berching. Durch das Mittlere Tor erreichen wir die Sulzbrücke, von der man einen wundervollen Blick zur Stadtmauer hat. Nur noch wenige Schritte sind es zur St. Lorenzkirche, deren wuchtiger Turm die Vorstadt überragt. In der romanischen Kirche kann man zahlreiche mittelalterliche Kunstwerke bestaunen.

Lage/Einwohnerzahl 50 Kilometer südlich von Nürnberg liegt am Donau-Main-Kanal die 8800-Einwohner-Stadt Berching.

Highlights Die Stadtmauer mit zahlreichen Türmen und Toren kann teils begangen werden; Altstadt und Vorstadt mit historischen Gebäuden, Pfarrkirche und Lorenzkirche

Tipp Die stilvollste Unterkunft in Berching bietet das traditionsreiche Hotel Post in der Vorstadt nahe der Sulzbrücke.

Informationen berching.de

41 Kallmünz

Künstlerort am Burgberg

Um das Jahr 1900 entdeckten Münchner Künstler Kallmünz und waren begeistert von den Motiven, die sie hier fanden. Sie prägten den Namen »Perle des Naabtales« für das romantische Städtchen. Gabriele Münter und Wassily Kandinsky feierten hier in der Sommerfrische ihre »Kallmünzer Verlobung«. In dieser Zeit wurde der Grundstein für die bis heute bestehende Künstlerkolonie gelegt. Wer einen etwas längeren Aufenthalt plant, der kann seiner Kreativität in einem der angebotenen Kunstkurse freien Lauf lassen.

Von der Steinzeit bis heute

Die herausragende strategische Position, die der zwischen Naab und Vils steil aufragende Schlossberg von Kallmünz bietet, lockte schon früh Menschen an. Auf der Hochfläche stieß man auf Spuren verschiedener Kulturen, die von der Altsteinzeit bis zur Bronzezeit reichen. Die mächtigen Verteidigungswälle, mit denen vor 2500 Jahren die Kelten ihre große Höhensiedlung nach Norden absicherten, zeichnen sich bis heute deutlich im Gelände ab. Am Fuß des Berges entwickelte sich eine Siedlung, deren Name 983 zum ersten Mal auf einer Urkunde erscheint. Kallmünz wurde zum wichtigen Stützpunkt der Wittelsbacher, die im 13. Jahrhundert die Burg erbauten. Im Dreißigjährigen Krieg wurde die Burg von schwedischen Truppen zerstört, der Ort blieb aber verschont und kann so bis heute mit seinen malerischen historischen Bauwerken die Besucher verzaubern.

Burgruine und Haus ohne Dach

Rund um die Naabbrücke gruppieren sich die Ortsteile von Kallmünz. Planl nennt sich der ursprünglich auf einer Flussinsel gelegene östliche Brückenkopf, der durch den Graben, in dem einst ein Flussarm der Naab verlief, vom Äußeren Markt getrennt ist. Die Mitte des 16. Jahrhunderts erbaute Steinerne Brücke, die im 18. Jahrhundert durch Eisgang drei Bögen verlor, führt hinüber zum eigentlichen Ortskern von Kallmünz. Eng schmiegen sich zwischen Naab und Vils die Häuser unterhalb der Burgruine an die steilen Felsflanken des Schlossberges. Bunte Bürgerhäuser, das 1603 erbaute Rathaus mit dem kleinen Glockentürmchen und die Mitte des 18. Jahrhunderts erbaute Rokokopfarrkirche umringen den kleinen Marktplatz.

Nach rechts führt die Brunngasse zu den Resten der alten Stadtbefestigung und auf dem schönen Promenadenweg kann man an der Naab entlang zum Marktplatz zurückkehren. Die Vilsgasse erschließt vom Marktplatz aus den östlichen Altstadtbereich. Vorbei am Raitenbucher Schloss, dem ehemaligen Sitz des Landgerichtes, und an verschiedenen Galerien ist das sogenannte

↑ Am Fuß steiler Jurafelsen liegt das Haus ohne Dach.
← Altstadt und Burgruine spiegeln sich in der Naab.

🡩 Die historische Brücke überspannt die Naab.
🡨 An der Kirche beginnt der steile Anstieg zur Burgruine.

Haus ohne Dach schnell erreicht. Die Fassade des kuriosen Höhlenhauses schmiegt sich am Fuß senkrechter Dolomitfelsen in eine Felsnische. Zurück am Marktplatz findet man an der Kirche den Beginn des steilen, felsigen Weges, der zur Burgruine hinaufführt. Von dort oben bietet sich ein zauberhafter Tiefblick auf Kallmünz und die Täler von Naab und Vils. Hier oben lebten schon in frühgeschichtlicher Zeit Menschen. Mächtige Wälle aus der Bronzezeit und aus keltischer Zeit blieben bis heute erhalten.

Lage/Einwohnerzahl Nördlich von Regensburg liegt am Zusammenfluss von Naab und Vils der Marktort Kallmünz, der 2700 Einwohner zählt.

Highlights Die alte Naabbrücke, der historische Ortskern mit Rathaus, Pfarrkirche und Haus ohne Dach; die Burgruine und die vorgeschichtlichen Verteidigungswälle

Tipp Bestens einkehren kann man an der Naabbrücke sowohl in der Trattoria Trinacria als auch im Eiscafé Arcobaleno.

Informationen kallmuenz.de

42 Amberg

Die Hauptstadt der Oberen Pfalz

Inmitten der Oberpfalz liegt am Ufer der Vils abseits der gängigen Touristenrouten Amberg. Die alte Residenzstadt der Wittelsbacher muss keinen Vergleich mit anderen bayerischen Stadthighlights scheuen. In der ausgedehnten Altstadt kann man neben zahlreichen bedeutenden Bauwerken auch so manchen beschaulichen Winkel entdecken. Und bis heute umgibt eine drei Kilometer lange Stadtmauer, die wegen ihrer Form das »Amberger Ei« genannt wird, mit vier Stadttoren, 97 Türmen und der berühmten Stadtbrille den historischen Stadtkern.

Die Oberpfälzer Residenz

Der Handel auf der Vils, der Erzabbau und die Erzverarbeitung brachten bereits Wohlstand nach Amberg. Schon im 12. Jahrhundert wurde Amberg durch eine erste Stadtmauer geschützt, die später zum sogenannten Stadtei erweitert wurde. 1269 kam der Nordgau und damit auch Amberg unter Wittelsbacher Herrschaft, und als 1329 die Wittelsbacher Lande aufgeteilt wurden, fiel Amberg an die kurpfälzische Linie. Residenzstadt wurde Heidelberg und die weit abgelegene Obere Pfalz wurde von Amberg aus regiert. Nach wechselvoller Geschichte entstand 1820 der bayerische Regierungsbezirk Oberpfalz und der Regierungssitz wechselte nach Regensburg.

Vom Marktplatz zur Stadtmauer

Unsere Erkundungstour durch die Amberger Altstadt teilen wir in zwei kürzere Runden. Wir beginnen am weiten Marktplatz, der guten Stube von Amberg. Beherrschendes Bauwerk ist die mächtige gotische Basilika St. Martin mit ihrem 92 Meter hohen Turm. Sie wurde in der zweiten Hälfte des 15. Jahrhunderts erbaut und erhielt im 17. und 18. Jahrhundert ihre barocke Ausstattung. Die gegenüberliegende Seite des Marktplatzes wird vom gotischen Rathaus geprägt, das im 16. Jahrhundert ausgebaut wurde und die elegante Balustrade erhielt.

Wir gehen nun auf der Rathausstraße rechts am Rathaus vorbei und biegen nach wenigen Schritten nach rechts in das schmale Untere Apothekergäßchen ein. Es führt uns am gemütlichen Schloderer Bräu vorbei geradewegs zur Zeughausgasse. Schräg gegenüber steht an der Bauhofgasse der 1544 erbaute Baustadel mit dem markanten Treppengiebel. Ursprünglich von der Stadt als Getreidespeicher und Zeughaus erbaut, sind heute dort das Stadtmuseum und das Archäologische Museum der Oberpfalz untergebracht. Zurück auf der Zeughausgasse könnte man links schnell die Vils und die Stadtbrille erreichen. Wir halten uns aber rechts, biegen nach der barocken Paulanerkirche rechts auf den Paulanerplatz und folgen dann links der Militärspitalgasse zum Nabburger Tor. Dieses schönste Stadttor von Amberg wurde im 14. Jahrhundert erbaut und erhielt Ende des 16. Jahrhunderts sein Renaissancelifting.

Rund um die Stadtbrille

Vor dem Stadttor steigen wir in den Stadtgraben hinab, der vor der turmreichen Stadtmauer verläuft. Unter der Torbrücke hindurch folgen wir der Stadtmauer bis zum Ufer der Vils, die hier von der Stadtbrille überspannt wird. In eleganten, im 16. Jahrhundert erbauten Bögen überspannt die Stadtmauer den Fluss. Die Bögen und ihr Spiegelbild auf der Vils formen das Bild einer Brille, der das Wahrzeichen von Amberg seinen Namen verdankt. Auf einem Brückchen überqueren wir den Fluss und steigen hinauf zur Schloßgraben genannten Straße. Rechts liegt der gotische Gebäudekomplex des Kurfürstlichen Schlosses, der einstigen Residenz der Kurfürsten, in der heute das Landratsamt untergebracht ist, und auf der gegenüberliegenden Straßenseite das im Stil der Renaissance erbaute Wingershofer Tor.

↑ Das Nabburger Tor ist das schönste der Stadt.
← Stadtbrille wird die Stadtmauer über der Vils genannt.

Wir folgen dem Schloßgraben rechts zurück in die Altstadt und wechseln dann geradewegs auf die Regierungsstraße. Links zieht der Renaissancebau der kurfürstlichen Regierungskanzlei mit dem prächtig verzierten Erker die Blicke auf sich. Wenige Schritte weiter biegen wir nach rechts in das enge Gässchen ein, das uns zum malerischen Platz am Eichenforstgäßchen bringt. Umringt wird er vom mittelalterlichen Klösterl, in dem heute das außergewöhnliche Luftmuseum untergebracht ist, von der Alten Veste, die als eines der ältesten Gebäude von Amberg gilt, und vom historischen Rußwurmhaus, in dem heute eine Gaststätte mit gemütlichem Biergarten residiert. Am Gasthaus überqueren wir auf dem Martinsteg die Vils und gehen rechts von der Martinsbasilika über den malerischen Salzstapelplatz zum Marktplatz zurück, auf dem wir eine verdiente Pause einlegen.

Walfischhaus und Georgskirche

An der nordwestlichen Ecke des Marktplatzes biegen wir kurz vor der Vilsbrücke nach rechts in die Lederergasse ein, die uns zum Walfischhaus an der Löffelgasse bringt. Die Figuren an der Fassade wurden wohl Ende des 16. Jahrhunderts angebracht und erzählen die biblische Geschichte von Jonas und dem Walfisch. Das weit vorkragende Dach diente im ehemaligen Färberhaus zum Aufhängen und Trocknen der Stoffe. Die ganz schmale Walfischgasse führt weiter zum Paradeplatz, an dessen Ende die Fronfeste liegt. In den Räumen des ehemaligen Gefängnisses ist heute ein eigenwilliges, mit Denkmalpreisen ausgezeichnetes Hotel untergebracht.

Wir folgen aber vor dem Walfischhaus der Löffelgasse nach links, überqueren auf dem Ledererssteg die Vils und erreichen über

↑ Am Rußwurmhaus hilft ein Steg über die Vils.
← Der Biergarten am Rußwurmhaus neben dem Luftmuseum

die Franziskanergasse den Schrannenplatz. Rechts am Platz residiert seit 200 Jahren in der gotischen Kirche des ehemaligen Franziskanerklosters das Amberger Stadttheater. Links liegt an der Südostecke des Schrannenplatzes die bezaubernde Schulkirche, die als Klosterkirche der Salesianerinnen erbaut wurde. Das barocke Gotteshaus erhielt 1758 seine prächtige Rokokoausstattung.

Am Ende des Schrannenplatzes halten wir uns links und gehen über den Viehmarkt zur Seminargasse, die uns geradewegs zum Malteserplatz bringt. Auf halbem Weg liegt links das winzige, rot getünchte Eh'häusl. In dem 1728 erbauten Haus ist das angeblich kleinste Hotel der Welt untergebracht. Vom Malteserplatz führt uns der Weg durch einen Torbogen hinauf zur gotischen Pfarrkirche St. Georg, die um das Jahr 1700 ihre Barockausstattung erhielt. Auf der Georgenstraße, der Shoppingmeile von Amberg, schlendern wir schließlich, vorbei an der prächtigen Rokokofassade des Fenzl-Hauses, geradewegs zurück zum Marktplatz.

Lage/Einwohnerzahl In der Mittleren Oberpfalz liegt an der Vils die 42 000-Einwohner-Stadt Amberg.

Highlights Marktplatz mit Rathaus und Basilika St. Martin; die Altstadt mit zahlreichen sehenswerten Kirchen, Museen und profanen Prachtbauten; die Stadtmauer, unter anderem mit Nabburger Tor und Stadtbrille

Tipp Das Hotel Fronfeste und das Eh'häusl bieten zwei außergewöhnliche Übernachtungsmöglichkeiten.

Informationen tourismus.amberg.de

43 Nabburg

Die kleine Unbekannte

Wie eine Burg thront das kleine Nabburg über dem Tal der Naab. Und auch als Stadtburg wurde die Siedlung angelegt, die wohl schon im 9. Jahrhundert ihre erste Stadtmauer erhielt. 929 erstmals urkundlich erwähnt und schon im 11. Jahrhundert mit den Stadtrechten versehen, gehört Nabburg zu den ganz frühen Städten in Bayern. Seine wichtige Funktion als Verwaltungssitz verlor die Stadt 1410 an das aufstrebende Amberg. In der ersten Hälfte des 15. Jahrhunderts erhielt Nabburg den mächtigen doppelten Mauerring, der bis heute die Altstadt umgibt. Die einstige Bedeutung war zu dieser Zeit aber schon verloren, und so blieb die mittelalterliche Stadtstruktur bis heute erhalten.

Plätze, Tore, Doppelmauer

Unsere Entdeckungsrunde durch das mittelalterliche Nabburg beginnen wir am Oberen Markt. Hier zieht das 1417 erbaute Rathaus die Blicke auf sich, das im 16. Jahrhundert mit dem Uhrtürmchen und der hübschen Loggia sein heutiges Aussehen erhielt. Der gesamte Platz wird von zahlreichen wuchtigen, im Kern mittelalterlichen Bürgerhäusern eingefasst. Besonders auffällig ist das am unteren Platzende gelegene Schmidt-Haus, das der damalige Besitzer, der Künstler Karl Schmidt-Wolfratshausen, 1930 zur 1000-Jahr-Feier Nabburgs mit der wundervollen Sgraffito-Fassade schmückte und das Künstlern eine Bühne bietet.

Am Beginn des Unteren Marktes halten wir uns rechts und erreichen, vorbei am mit schönem Erker geschmückten Rentamt, das wuchtige mittelalterliche Mähntor, das 1532 seine heutige Gestalt erhielt. Am Tor treffen wir auf den ausgeschilderten Zwingerrundweg, dem wir rechts hinauf folgen. Bei seiner Anlage stieß man auf Reste der ersten Stadtmauer aus karolingischer Zeit. Der Zwinger ist der Bereich zwischen den beiden Mauern der doppelläufigen Stadtmauer, die in der ersten Hälfte des 15. Jahrhunderts eine ältere Vorgängerbefestigung ersetzte. Vom aussichtsreichen Weg führt uns bald ein Aufgang rechts zur Schmiedgasse, der wir nach links folgen. An ihrem Ende biegen wir am Bürgerspital nach links zum Zehntstadel ab, der 1547 als Getreidelager errichtet wurde und wo heute das Stadtmuseum untergebracht ist. Ein Torbogen entlässt uns an der Nordseite des Hofes auf den Platz am mittelalterlichen Obertor, das Mitte des 16. Jahrhunderts umgebaut wurde.

Wir halten uns nun rechts und erkunden die Gassen rund um die gotische, Anfang des 14. Jahrhunderts erbaute Stadtpfarrkirche und die kleine gotische Laurentiuskirche, die wohl anstelle einer Burgkapelle errichtet wurde. Anschließend führt uns der Weg vom Obertorplatz durch einen weiteren Bogen am Pflegschloss vorbei über den Schlosshof. Hier stand schon in karolingischer Zeit die Burg, die die Keimzelle von Nabburg war. An der Stadtmauer folgen wir

↑ Steil geht es durch das Mähntor hinauf in die Altstadt.
← Am Oberen Markt liegt das historische Rathaus.

↑ Die Altstadt liegt auf einem Bergrücken über der Naab.
↓ In der schummrigen gotischen Stadtpfarrkirche

rechts dem wundervollen Zwingerrundweg, der an der aussichtsreichen Stadtmauer entlang um die Altstadt führt. Am Südende der Altstadt treffen wir nach dem Pulverturm auf einen steilen Treppenweg, der uns am malerischen Dechanthof vorbei zurück in die Altstadt bringt.

Lage/Einwohnerzahl 30 Kilometer östlich von Amberg liegt an der Naab das Städtchen Nabburg, das 6100 Einwohner hat.

Highlights Die Altstadt mit Rathaus, Schmidt-Haus, Stadtmuseum im Zehntstadel und Stadtpfarrkirche; die Stadtmauer mit Stadttoren und aussichtsreichem Zwingerrundweg.

Tipp Das Hotel Alter Pfarrhof bietet mitten in der Altstadt perfekt renovierte Zimmer in einem historischen Gebäude.

Informationen nabburg.de/tourismus-kultur

Register

Durch den Stadtturm geht es ins Zentrum von Prichsenstadt.

Impressum

Der Autor
Bernhard Irlinger arbeitet als freier Journalist und ist leidenschaftlich gerne in der Natur unterwegs. Dazu interessiert er sich sehr für die Kultur und Geschichte Europas. Hier steht auch die bayerische Heimat hoch im Kurs – der Autor hat eine Vielzahl wunderschöner Kleinstädte in Bayern besucht, die es sich zu entdecken lohnt.

Verantwortlich: Sabine Klingan
Redaktion: Christian Schneider
Layout: Eva-Maria Klaffenböck
Repro: LUDWIG:media
Herstellung: Bettina Schippel
Printed in Slovenia by Florjancic

★★★★★

Sind Sie mit diesem Titel zufrieden? Dann würden wir uns über Ihre Weiterempfehlung freuen. Erzählen Sie es im Freundeskreis, berichten Sie Ihrem Buchhändler, oder bewerten Sie bei Onlinekauf. Und wenn Sie Kritik, Korrekturen, Aktualisierungen haben, freuen wir uns über Ihre Nachricht an Bruckmann Verlag, Postfach 40 02 09, D-80702 München oder per E-Mail an lektorat@verlagshaus.de.

Unser komplettes Programm finden Sie unter www.j-berg-verlag.de

In diesem Buch wird aus Gründen der besseren Lesbarkeit das generische Maskulinum verwendet. Weibliche und anderweitige Geschlechteridentitäten sind dabei ausdrücklich mitgemeint, soweit es für die Aussage erforderlich ist.

Empfehlung der Redaktion
Sie sind auf der Suche nach weiterführender Literatur? Dann empfehlen wir Ihnen den Titel »Das Radlbuch Franken« von Bernhard Irlinger.

Bildnachweis: Alle Bilder im Innenteil und auf der Umschlagrückseite stammen vom Autor.
Umschlagvorderseite: Die Altstadt von Passau (shutterstock/FooTToo)
Umschlagrückseite: Jurafelsen überragen das Dörfchen Tüchersfeld.

Die Deutsche Nationalbibliothek verzeichnet diese Publikation in der Deutschen Nationalbibliografie; detaillierte bibliografische Daten sind im Internet über
http://dnb.d-nb.de abrufbar.

ISBN 978-3-8624-6827-0